ro
ro
ro

Brit Bennett wuchs in Kalifornien auf und studierte an der Stanford University und an der University of Michigan. Ihre Arbeiten erschienen in «The New Yorker», «The New York Times Magazine», «The Paris Review» und «Jezebel». Ihr Debüt «Die Mütter» wurde unter anderem für den PEN/Robert W. Bingham Prize nominiert. Auch ihr zweiter Roman, «Die verschwindende Hälfte», wurde ein Bestseller in den USA.

Was bedeutet es, wenn ein weißes Publikum auf einmal eifrig Filme und Bücher über schwarzes Leid konsumiert? Warum fällt es den Medien so schwer, weißen Terrorismus als ebensolchen zu benennen? Warum waren Schwimmbäder schon immer Orte, an denen sich die Diskriminierung auf besondere Art manifestierte, und sind es noch heute? Wie gestalten wir die Zukunft, wenn wir umgeben sind von Menschen, die die Vergangenheit zurücksehnen? Und: Wird der Traum, durch die Zeit zu reisen, nicht immer ein weißes Privileg sein? Dieser Band versammelt acht brillante Essays, in denen sich Brit Bennett mit Fragen des Rassismus in all seinen Facetten auseinandersetzt.

BRIT BENNETT

WAS FANGE ICH BLOß MIT GUTEN WEIßEN MENSCHEN AN?

AUS DEM ENGLISCHEN VON AMELIA UMUHIRE

ROWOHLT TASCHENBUCH VERLAG

Die deutsche Übersetzung «I Don't Know What to Do With Good White People» ist von Sabine Kray und erschien unter dem Titel «Von guten Weißen» in der «Welt am Sonntag» (© 2018 by Axel Springer SE).

Deutsche Erstausgabe
Veröffentlicht im Rowohlt Taschenbuch Verlag,
Hamburg, Oktober 2021
Copyright © 2021 by Rowohlt Verlag GmbH, Hamburg
Copyright © 2021 by Brittany Bennett
Covergestaltung zero-media.net, München
Coverabbildung Angelina Bambina/iStock
Satz aus der Karmina
bei Pinkuin Satz und Datentechnik, Berlin
Druck und Bindung CPI books GmbH, Leck, Germany
ISBN 978-3-499-00841-2

Die Rowohlt Verlage haben sich zu einer nachhaltigen Buchproduktion verpflichtet. Gemeinsam mit unseren Partnern und Lieferanten setzen wir uns für eine klimaneutrale Buchproduktion ein, die den Erwerb von Klimazertifikaten zur Kompensation des CO_2-Ausstoßes einschließt.
www.klimaneutralerverlag.de

INHALTSVERZEICHNIS

Was fange ich bloß mit guten
weißen Menschen an? 9
Den Vorhang herunterreißen 21
Addy Walker,
ein amerikanisches Mädchen 39
Weißer Terrorismus ist so alt
wie Amerika selbst 57
Wer ins Schwimmbad darf 65
Ich dachte, es würde besser für dich sein 73
Rede in Sydney 89
Schlachtruf der Androidin 101
Quellennachweise 109

WAS FANGE ICH BLOß MIT GUTEN WEIßEN MENSCHEN AN?

Mein Leben lang bewege ich mich schon unter guten Weißen. Gute weiße Nachbar*innen, die den Hund zurückbrachten, wenn er ausgerissen war, gute weiße Lehrer*innen in der Grundschule, die mir Bücher in die Hand drückten, gute weiße Professor*innen in Stanford, der Bay-Area-Bastion des Gutweißentums, die mir bei der Entscheidung halfen, an welcher Universität ich meinen Master machen sollte.

Ich sollte dankbar sein. Keine andere Generation meiner Familie hatte das Glück, von so vielen guten Weißen umgeben zu sein. Die Eltern meiner Mutter bewirtschafteten ein Stück gepachtetes Land; brauchte sie neue Schuhe, maß sie die Länge ihrer Füße mit einem Bindfaden, weil sie die Schuhe im Geschäft nicht anprobieren durfte. Ein anderes Mal erzählte sie mir von einem weißen Polizisten, der ihre Mutter bloßstellte, indem er sie zwang, ihre Handtasche, in der sich nichts als ein paar Münzen befanden, auf dem Verkaufstresen auszuleeren. Er sah einfach zu.

Vor ein paar Jahren zeigte mir meine Mutter den Bericht, den eine Sozialarbeiterin über ihre Familie verfasst hatte. Die weiße Sozialarbeiterin betrachtete meine Familie mit anthropologischer Gründlichkeit, beschrieb die Kinder wie auch meine Großmutter als «freundlich und sauber». Sie wollte persönliche Dinge wissen (ob meine Mutter einen Freund habe?) und notierte die gewonnenen Erkenntnisse in abgeklärtem Ton. Sie fragte sich, warum meine Großmutter keine feste Arbeit fand – eine Mutter von neun Kindern, die weder lesen noch schreiben konnte, und das in den Südstaaten, zu einer Zeit, in der Rassentrennung noch Gesetz war. Vielleicht, so schrieb sie in Schreibschriftschlingen, hatte meine Großmutter sich einfach nicht genug bemüht.

Historiker*innen verwenden solche offiziellen Berichte, verblichene Unterlagen wie diese, um Familiengeschichten zu rekonstruieren. Seine Verfasserin, die weiße Sozialarbeiterin, schreibt, als wäre sie eine aktive Beobachterin, doch sie erzählt bloß dieselbe abgegriffene Geschichte von der Schwarzen Frau, die sich der Arbeit verweigert und stattdessen von Sozialleistungen lebt. Hier und da weicht der klinische Tonfall einem freundlicheren. So merkt sie beispielsweise an, dass meine Mutter hübsch sei. Ich nehme an, sie hielt sich für eine gute Weiße.

Unmittelbar nachdem die Justiz im Jahr 2014 entschieden hatte, keine Anklage gegen Darren Wilson zu erheben – den Ex-Cop, der in Ferguson den unbewaffneten achtzehnjährigen Michael Brown erschoss –, musste ich tatsächlich bloß eine einzige Rassistin aus meiner Facebook-Freundesliste entfernen. Diese alte Freundin aus der Highschool teilte ein Video, in dem Protestierende als Nigger beschimpft wurden. (Sie war kein guter weißer Mensch.) Die meisten meiner Freunde reagierten mit Wut und Empathie. Einige schlossen sich den Protesten an. Andere erzählten unter #crimingwhilewhite ihre Geschichten, eine Aktion, die weithin kritisiert wurde, weil sie die Aufmerksamkeit von Schwarzen Stimmen ablenke. Schau mich an, schreit der Hashtag, ich weiß, dass ich privilegiert bin. Auch ich bin ein guter weißer Mensch. Schließ dich mir an und erinnere alle anderen daran, dass auch du ein guter weißer Mensch bist.

Ich sah den guten Weißen dabei zu, wie sie sich selbst auf die Schulter klopften – dafür, dass sie rassistische Freund*innen bei Facebook gelöscht oder mit Familienmitgliedern diskutiert hatten. Dafür, dass sie Schwarzen Menschen kleine Gesten der Freundlichkeit entgegenbrachten. Manchmal habe ich das Gefühl, dass mir die rassistischen Trolle fast lieber sind als diese Form des Eigenlobs. Den rassistischen Troll kann man einfach ignorieren. Er glaubt nicht, dass es genügt, anständig zu sein. Bei den guten Weißen habe ich das Gefühl, dass sie allein für ihren Anstand bereits Lob erwarten. Nach dem Motto: Schau, wir sind nicht wie die anderen Weißen, siehst du, wie vorurteilsfrei wir sind? Siehst du, wie gut wir sind? Was für ein Privileg, sich damit befassen zu dürfen, wie gut du bist, während der Rest von uns um das Privileg kämpft, leben zu dürfen.

Als mein Vater ein junger Mann war, wurde er festgenommen. Er war damals Bezirksstaatsanwalt, auf dem Heimweg von seiner Bibelgruppe, als die Polizei ihn aufforderte, rechts ranzufahren. Ein Verkehrsdelikt, dachte er. Die Polizisten weigerten sich, einen Blick in sein Portemonnaie zu werfen. Darin hätten sie seinen Dienstausweis gefunden. Stattdessen richteten sie eine Waffe auf ihn, legten ihm Handschellen an und warfen ihn am Straßenrand zu Boden. Mein Vater ist vor allen Dingen froh darüber, dass er ruhig blieb. Er hatte unter Schock gestanden. Heute ist er überzeugt, dass genau das ihm das Leben rettete.

Daran denke ich, wenn ich Eric Garner beim Sterben zusehe. Noch verstörender ist ein zweites Video, das unmittelbar nach Garners Ableben aufgenommen wurde. Ein in New York seit 1993 verbotener Würgegriff hat zum Erstickungstod geführt, doch das wissen die

Beamten noch nicht. Sie sprechen mit Garner, sie fordern ihn auf, mit den Notärzten zu reden. Die ganze Situation wirkt so verblüffend und verzweifelt menschlich. Die Beamten stehen in der Gegend rum, während der Notarzt versucht, einen Puls festzustellen, und alles scheint plötzlich ganz anders als im anderen Video, in dem die Beamten sich auf Garner stürzen und ihn zu Boden ringen.

Nach der Nichtanklage im Fall Darren Wilson bildete sich vor vier Jahren eine erstaunliche Koalition von Kritiker*innen heraus: People of Color begaben sich auf die Straße, während konservative Stimmen wie Bill O'Reilly oder John Boehner im Fernsehen das Fehlen von Gerechtigkeit bemängelten. Selbst George W. Bush brachte sich ein, er bezeichnete die Entscheidung der Geschworenen als «traurig». Doch obwohl die meisten Menschen Garners Tod für falsch halten, weigern sich viele zu glauben, dass er einen rassistischen Hintergrund hatte. In ihren Augen war sein Tod eine Folge übereifriger Polizeiarbeit, die Folge einer ganzen Reihe schlechter individueller Entscheidungen. Es hätte auch einem Weißen passieren können. Das Gleiche hörte man in Cleveland, wo ein zwölfjähriger Schwarzer Junge namens Tamir Rice von Polizisten getötet wurde, weil er mit einer Spielzeugpistole spielte. Jedes weiße Kind, so hörte man, mit einer so echt wirkenden Waffe in der Hand wäre ebenso getötet worden.

Einmal wartete ich an der Gepäckaufgabe am Flughafen in Orange County, als eine weiße Frau an mir vorbei direkt zum Schalter rauschte, als der «Nächste» aufgerufen wurde, obwohl sie eigentlich hinter mir gestanden hatte. Sie hatte sich vorgedrängelt, weil ich Schwarz war. Oder vielleicht auch, weil ich jung war. Vielleicht war sie spät dran für ihren Flug, vielleicht war sie auch einfach frech. Sie hätte gewiss dasselbe getan, wenn ich eine Weiße gewesen wäre wie sie. Sie hätte das gewiss mit jedem gemacht.

Natürlich saßen wir schließlich im selben Flugzeug, und natürlich saß sie direkt neben mir. Kurz vor dem Abflug wandte sie sich mir zu und sagte: «Es tut mir leid, falls ich mich vorhin vorgedrängelt habe. Ich hatte Sie gar nicht gesehen.»

Oft höre ich gute weiße Leute fragen, warum People of Color aus allem immer eine Rassismus-Geschichte machen müssen, ganz so, als hätten wir Freude daran, uns mit Rassismus zu beschäftigen. Ich wünschte, ich könnte aufhören, diese kleinen Begegnungen wieder und wieder durchzuspielen, könnte aufhören, mich zu fragen: Denke ich da zu viel drüber nach? Bin ich bloß paranoid? Es ist ermüdend. «Auf dem Land in den Südstaaten war das einfacher», erklärt mir meine Mutter. «Weiße Leute ließen dich von vornherein wissen, was dein Stellenwert war.»

Es ist unmöglich, die Absichten anderer zu erraten. Und manchmal habe ich das Gefühl, in einer Welt zu leben, in der ich gezwungen bin, mich mit den Absichten von Leuten zu befassen, die keinerlei Interesse an meinen haben. Ein Geschworenengericht war der Auffassung, dass Darren Wilson ein guter Beamter war, der in Ausübung seiner Pflicht gehandelt hatte. Dieselben Geschworenen glaubten, dass ein achtzehnjähriger Junge in einem Anfall monströser Wut mitten in den Kugelhagel hinein-, ja direkt auf die Waffe des Polizisten zugerannt war. Wilson beschrieb Michael Brown als ein regelrechtes Tier, einen schwarzen Dämon. Niemand fragte nach Michael Browns Absichten.

Ein Stereotyp hat keine vielschichtigen, individuellen Motive. Ein Stereotyp ist gezwungen, zu tun, was wir erwarten. Ich habe einen vierstündigen Flug damit zugebracht, mir Gedanken über die Absichten der weißen Frau zu machen. Wird sie über meine nachdenken? Wohl kaum. Sie hat mich nicht einmal gesehen.

Eines Tages kam meine ältere Schwester weinend aus der Grundschule nach Hause. An diesem Tag war im Unterricht über den Ku-Klux-Klan gesprochen worden, nun hatte sie Angst, dass weiße Männer mit Kapuzen kommen und uns überfallen würden. Mein Vater sagte ihr, dass sie sich keine Sorgen machen müsse. «Säße hier am Tisch jetzt einer vom Klan», sagte er, «den würde ich einfach auslachen.»

Meine Mutter erzählte Geschichten von Kapuzenmännern, spätnachts zu Pferde, vom Sohn des Doktors, der kam, um mit ihrer kleinen Schwester zu spielen, ein weißer Junge, und wie unwohl ihrer Großmutter dabei gewesen sei, aus Furcht, der Klan könne auf die Idee kommen, dafür das Haus abzubrennen. Als ich ein Kind war, sah ich den Ku-Klux-Klan bloß in Fernsehfilmen über die Bürgerrechtsbewegung oder in besonders krassen Episoden der *Jerry Springer Show.* Meine Eltern wussten, was wir erst in den Neunzigern erfahren würden: dass es rund um unser Haus in Kalifornien, umgeben von guten Weißen, etwas Schlimmeres gab als offen ausgesprochenen Rassismus.

Wir alle wollen an den Fortschritt glauben, daran, dass Geschichte sich immer geradeaus, ja, immer nach vorn entwickelt. Wir wollen an die Überwindung von Unterschieden glauben und an wachsende Akzeptanz, daran, wie gut weiße Menschen geworden sind. Also erwarten wir Rassismus nur noch als Karikatur wie den Bösen im Disneyfilm. Als sei ein rassistischer Polizist bloß der, der nach dem Aufwachen als

Erstes seinen Bart hochzwirbelt und sich die Hände reibt, während er sich überlegt, wie er Schwarze vernichten kann.

Ich glaube nicht, dass Darren Wilson das Ziel hatte, Schwarze Männer zu töten. Ich bin mir sicher, dass die Polizisten, die meinen Vater verhafteten, es gut meinten. Aber wie gut sind eure Ansichten, wenn sie uns umbringen?

Wenn meine Freunde und ich über Menschen sprechen, über die wir uns ärgern, enden unsere Gespräche oft mit den Worten: «Aber er hat es gut gemeint.» Wir landen immer an diesem Punkt, weil wir uns als faire, unvoreingenommene Leute betrachten wollen, die einen Menschen nicht nur im Angesicht dessen beurteilen, was er tut, sondern vor dem Hintergrund seiner Absichten. Denn sind wir nicht alle gefangen in jenem Raum zwischen dem, wer wir sind, und dem, wer wir sein wollen? Ist es nicht bloß menschlich, denen, die wir nicht mögen – ja sogar denen, die uns Böses wollen –, ebendieses Hadern zuzugestehen? «Weißt du, er meint es bloß gut», sagen wir. Und doch ist dieser Satz eine Krücke, so herablassend, so klebrig, so leer, dass mir alles andere lieber wäre, als jemanden sagen zu hören, wie schrecklich ich trotz meiner guten Absichten bin.

Darüber habe ich nachgedacht, als mein Vater mir letztes Wochenende im Auto erzählte, was geschah, als den Polizisten endlich klarwurde, dass sie den Falschen hatten. Sie halfen ihm hoch und klopften ihm den Staub ab. «Sorry, Kumpel», sagte einer der Beamten, als er die Handschellen löste. Sie hatten einen Fehler gemacht. Er hatte der Beschreibung entsprochen.

Natürlich hatte er das. Denn die Beschreibung ist immer die gleiche. Die Polizisten brachten meinen Vater zu seinem Auto. Mein Vater, der damals noch nicht mein Vater war, vergaß die Scheinwerfer seines Autos einzuschalten und fuhr den ganzen Weg nach Hause ohne Licht.

DEN VORHANG HERUNTERREISSEN

Letzten Herbst verließ ich eine Kara-Walker-Ausstellung, weil ein weißes Paar ständig Bilder von sich machte. Ich war im Broad Museum in Los Angeles, um mir «African't» anzuschauen, Walkers schwarze Silhouetten, die ein träumerisches und gleichzeitig verstörendes Bild des Vorbürgerkriegs-Südens zeichnen. Erschüttert beobachtete ich, wie das lächelnde Pärchen vor den entsetzlichen Bildern posierte: ein zerstückelter, weißer Entdecker, der auf einem Spießbraten brät; ein Plantagenbesitzer, der eine versklavte Frau vergewaltigt; ein weißes Mädchen, das einen Schwarzen Jungen befummelt, während ein anderes Mädchen Luft in seinen Hintern bläst.

Später dachte ich darüber nach, wieso ich die Ausstellung verlassen hatte. Das Paar hatte keine bösen Absichten; Menschen nehmen ständig Bilder in Museen auf. Aber ich nahm es ihnen übel oder beneidete sie sogar darum, wie leicht sie sich an der Arbeit von Kara Walker erfreuen konnten, während es mir fast unmöglich schien, sie anzuschauen.

Falls Bilder von Sklaverei unangenehm anzuschauen sind, na, dann viel Spaß beim Kinogang. Im letzten Jahrzehnt ist das Interesse an Geschichten über das Leben versklavter Menschen wieder neu erwacht. Das Magazin *The Daily Beast* erklärte das Jahr 2013 zum «Jahr des Sklaverei-Films» in Erwartung der Filme *Zwölf Jahre Sklave*, der auf der 1853 verfassten Autobiographie von Solomon Northup basierte, und *Belle*, der eine Aristokratin aus gemischter Ehe im England des 18. Jahrhunderts begleitet. Auch im Fernsehen wuchs das Interesse an Sklaverei-Narrativen im letzten Jahr mit Serien wie *Underground*, eine von WGN America produzierte Serie über die Underground Railroad, und einer neuen Fassung der Serie *Roots*.

Im Januar brach eine Onlinedebatte unter Schwarzen Autor*innen aus, als *Die Geburt einer Nation*, Nate Parkers Film über den 1831 von Nat Turner angeführten Sklavenaufstand, für die Rekordsumme von 17,5 Millionen US-Dollar beim Sundance Filmfestival ersteigert wurde. Im Onlinemagazin *Jezebel* schrieb Kara Brown, dass, obwohl Turners Rebellion eine «faszinierende, wichtige und noch zu wenig untersuchte Geschichte» sei, sie immer noch gemischte Gefühle habe, wenn sie einen Film schaue, der «die Brutalisierung Schwarzer Menschen» für Unterhaltungszwecke in den Mittelpunkt rückt. Im Magazin *The Nation* widersprach ihr Mychal Denzel Smith, indem er lediglich sieben Filme seit Beginn der Filmgeschichte zählte, die von großen Studios produziert wurden und die Geschichte amerikanischer Sklaverei erzählten. Zu ihnen gehörten auch *Amistad* (1997), *Glory* (1989) und *Vom Winde verweht* (1939). «Ich will ein Marvel-Universum aus Filmen über Sklaverei», schrieb er. «Ich möchte so viele Filme über Sklaverei, dass sich weiße Schauspieler darüber beschweren, dass ihnen nur noch Rollen von Sklavenhaltern angeboten werden.»

Doch was bedeutet es, wenn ein weißes

Publikum plötzlich eifrig Geschichten von Schwarzem Leid konsumiert? Und ist das wünschenswert oder sogar progressiv, verglichen mit der langen Geschichte des Wegsehens? Während der Oscar-Kampagne für *Zwölf Jahre Sklave* drang der Inhalt der Stimmzettel einiger Mitglieder der Academy an die Öffentlichkeit, in denen diese zugaben, den Film einfach nicht geguckt zu haben. «Schau, ich habe lange genug gelebt, um zu wissen, wie es damals war, eine Schwarze Person in Amerika zu sein», schrieb ein Wähler. «Was ich nicht will, sind noch mehr schreckliche Dinge in meinem Kopf.» Jahrhunderte später hängt die Geschichte der Sklaverei noch über uns wie die Sonne. Wir fühlen ihre ständige Anwesenheit, wagen jedoch keinen direkten Blick hinein.

Manche Akademiker*innen führen die Popularität der Sklaven-Narrative auf ihren Sensationalismus zurück. «Romantisch und mitreißend» fesseln sie die Leser*innen «mit dem bloßen Horror ihrer Enthüllungen», argumentiert John Herbert Nelson in seinem Buch *The*

Negro Character in American Literature. Andere weisen auf die Verwunderung des weißen Publikums darüber hin, dass ein ehemaliger Sklave überhaupt in der Lage gewesen sei, seine eigene Lebensgeschichte niederzuschreiben.

Doch trotz ihrer Beliebtheit wurden Sklaven-Narrative nicht als kunstvoll wahrgenommen. Im 19. Jahrhundert verschmähten Kritiker sie oft als «voreingenommen» und «unrealistisch». Mehr als ein Jahrhundert später sind selbst Schwarze Kritiker*innen noch herablassend in ihrem Urteil, wie der Akademiker, der verkündete, dass die ehemals Versklavten «schrieben, um Eindrücke zu korrigieren, anstatt welche zu machen», und dass es «ihrer Arbeit an bedeutender literarischer Qualität mangele».

Das Problem mit dem Sklaven-Narrativ ist seine Voraussehbarkeit: Eine Person wird in Gefangenschaft mit einem grausamen Herrn geboren; sie oder er wird ausgepeitscht, kämpft darum, lesen und schreiben zu lernen, versucht zu fliehen, scheitert und entkommt später erfolgreich in den Norden. Wenn der Zweck einer Autobiographie ist, ein einzigartiges Leben unverwechselbar darzustellen, so fühlen sich Sklaven-Narrative oft formelhaft und ihre Erzähler austauschbar an.

In *To Tell a Free Story: The First Century of Afro-American Autobiography* führt der Autor William L. Andrews die Voraussehbarkeit von Geschichten versklavter Menschen auf ihre weiße Leserschaft zurück. Im Gegensatz zu weißen Biographen konnten Schwarze Autor*innen nicht erwarten, dass ihre Leser*innen in gutem Glauben an ihre Werke herantreten – sie antizipierten ein skeptisches, wenn nicht gar feindseliges Publikum. Um ihre Geschichten authentisch erscheinen zu lassen, verließen sich die ehemaligen Sklaven-Biographen daher auf bekannte Muster. «Das war wahrscheinlich das größte Hindernis für die Vorstellungskraft des afroamerikanischen Biographen», schreibt Andrew. «Die Wahrnehmung der Geschichten als wahre Geschichten hing von der Kunstfertigkeit ab, die Kunst hinter den Werken zu verschleiern.» Die Geschichten versklavter Menschen blieben dadurch in einer Endlosschleife gefangen. Um wahrhaft zu erscheinen, musste die Geschichte vertraut sein. Aber mit der Zeit wurden die Geschichten so vertraut, dass die Leserschaft an ihrer Wahrhaftigkeit zweifelte.

In ihrem 1987 erschienenen Essay *Fundstätte Erinnerung* beklagt Toni Morrison die Tatsache, dass es für Geschichten versklavter Menschen schwierig war, «eine faire Bewertung von Seiten der Literaturkritik zu erhalten», vor allem wenn man die sozialen Einschränkungen bedenke, denen diese Autor*innen ausgesetzt waren. Sie verwies auf die Distanz, die sich in die Sklaven-Narrative des 19. Jahrhunderts eingeschlichen hatte, insbesondere in Momenten der Gewalt. «Unabhängig vom Grad der Eloquenz oder der Form jedoch wurden die Autoren vom Geschmack der Zeit dazu angehalten, die schmutzigen Details ihrer Erfahrungen nicht zu deutlich oder ausführlich zu beschreiben.»

Stattdessen «unterbrechen die Autoren ihren Erzählfluss mit einem Satz wie ‹Doch breiten wir den Mantel des Schweigens über diese Vorgänge, die jeder Beschreibung spotten'». Die Aufgabe zeitgenössischer Autor*innen, argumentiert Morrison, sei es, «den Mantel des Schweigens zu lüften». Wenn versklavte Erzähler*innen gezwungen waren, Momente extremer Gewalt zu verschleiern, um ihre Geschichten einem weißen Publikum zugänglicher zu machen, dann müssten zeitgenössische Autor*innen ihre Leser*innen zwingen, hinzuschauen.

Morrison hat dieses Ziel mit ihrem 1987 erschienenen und mit dem Pulitzer-Preis ausgezeichneten Roman *Menschenkind* sicherlich erreicht. In einer alten Zeitung hatte sie einen Ausschnitt über Margaret Garner gefunden, eine entflohene versklavte Frau, die ihre eigene Tochter ermordet hatte, anstatt zuzulassen, dass diese in die Sklaverei zurückgebracht würde. Als Sethe, Morrisons fiktionalisierte Version von Garner, beschließt, das Leben ihrer Kinder zu beenden, stolpern die Sklavenfänger wie auch die Leser über die gewaltvolle Szene, in der «zwei Jungen blutend in den Sägespä-

nen und dem Dreck zu Füßen einer Nigger-
frau [lagen], die mit einer Hand ein blutüber-
strömtes Kind an die Brust drückte und mit der
anderen ein Baby an den Fersen hielt». Sethe
hält das Gesicht ihres toten Kindes, «damit
ihr der Kopf nicht abfiel». Nachdem sie eine
Tochter ermordet hat, versucht sie, die andere
zu stillen, indem sie «dem Baby eine blutige
Brustwarze in den Mund» steckt. Die Szene
ist nicht nur aufgrund der schaurigen Details
schwer auszuhalten. Der Leser nimmt das Ge-
metzel mit den Augen der Sklavenfänger wahr,
die, obwohl sie den Anstoß zu der grausamen
Handlung geben, schockiert und entsetzt sind.
Sie finden Sethes Taten unergründlich, und
ihre mangelnde Empathie fühlt sich wie ein
weiterer gewaltvoller Akt an. Doch auch wenn
die Fänger Sethe nicht verstehen, sie werden
trotzdem Zeugen des Blutbads. In *Menschenkind* wird es niemandem zugestanden wegzuschauen.

Wenn das Problem des weißen Publikums
des 19. Jahrhunderts Zweifel war, so ist es
heutzutage Akzeptanz. Wenn wir doch schon

verstanden haben, dass die Sklaverei schrecklich war, warum müssen wir weiterhin die Geschichten des Horrors durchkauen? *Menschenkind* wird häufig von Eltern kritisiert, die den Roman als zu drastisch für Schulkinder empfinden. Der Roman steht derzeit auf dem 26. Platz der von der American Library Association erstellten Liste von hundert Romanen, die im letzten Jahrzehnt am häufigsten verboten wurden.

Inmitten dieser Debatte erschien Colson Whiteheads Roman *Underground Railroad*, eine brillante Neubetrachtung des Vorbürgerkriegs-Amerika. Die Hauptfigur ist Cora, eine versklavte Frau, die von ihrer Mutter verlassen wurde, der es als Einziger gelungen war, von ihrer Plantage zu entkommen, ohne geschnappt zu werden. Als junges Mädchen wird Cora in die «Hob», eine Hütte für geistig verwirrte Frauen, verbannt und später von vier männlichen Sklaven vergewaltigt. Sie ist robust, aber misstrauisch, von ihrem Trauma gekennzeichnet und geächtet und sich ihrer Einsamkeit schmerzhaft bewusst. «Irgendwo,

vor Jahren, war sie vom Pfad des Lebens abge-
kommen und fand nicht mehr zur Menschen-
familie zurück.»

Eines Tages wird Cora von Caesar angespro-
chen, einem gebildeten Sklaven, der plant, in
den Norden zu fliehen und dabei den Underground Railroad zu benutzen. In Whiteheads
Vision ist der Railroad kein geheimes Netz-
werk von Sklavereigegnern, die Routen und
sichere Unterkünfte zur Verfügung stellen,
um versklavte Menschen zur Freiheit zu verhelfen, sondern ein echter Zug, der unter der
Erde rumpelt. Cora lernt schnell die Regeln: An
Bord eines Zuges weißt du nicht, wohin dieser
dich bringen wird; du weißt nicht, wann der
nächste Zug kommen oder wohin er wiederum
fahren wird.

Die Erfindung eines sprichwörtlichen Zuges beleuchtet die Absurdität innerhalb eines
schon absurden Systems der Sklaverei und
erschwert die Voraussehbarkeit des Sklaven-
Narrativs. In den meisten Geschichten von versklavten Menschen ist der Underground Railroad eine Quelle der Erleichterung, ein Mittel,

mit Hilfe dessen ein Ausreißer endlich einen freien Staat erreicht, endlich befreit ist.

Doch Whitehead zeichnet ein trüberes Bild. Mit jedem neuen Halt entlang des Weges fragt sich Cora, ob sie bleiben oder ihr Glück auf dem nächsten Zug probieren soll. Bringt er sie an einen schlechteren oder besseren Ort? Diese Ungewissheit steigert die bereits wachsende Anspannung, als wir erfahren, dass Ridgeway, der legendäre Sklavenfänger, auf der Jagd nach Cora ist, nachdem es ihm nicht gelungen war, ihre Mutter gefangen zu nehmen. In *Underground Railroad* ist Freiheit prekär und Sicherheit nur temporär. Whitehead bricht mit der beruhigenden Mythologie des Underground Railroads als einem System, das versklavte Menschen aus dem Terror in den utopischen Norden brachte. Ganz gleich, wohin Cora flieht, «Amerika blieb ihr Wärter».

Die Stärke des Romans ist seine Stimme: distanziert und wie ein Chamäleon, in der anständigen Stimmlage des 19. Jahrhunderts, die an die Literatur des Vorbürgerkriegs-Südens erinnert. Wie *Menschenkind* ist auch *Under-*

ground Railroad von intensiver Gewalt gekennzeichnet, aber im Gegensatz zu Morrison
lässt Whitehead den Vorhang oft zugezogen.
Ein Beispiel ist der Moment von Coras Ver-
gewaltigung durch mehrere Männer:

> *Nicht lange nachdem sich herum-
> gesprochen hatte, dass Cora mannbar
> war, zerrten Edward, Pot und zwei Ar-
> beiter von der Südhälfte sie hinter das
> Räucherhaus. Falls irgendwer etwas
> hörte oder sah, so griff er nicht ein. Die
> Hob-Frauen nähten ihre Wunden.*

In einem Moment des extremen Traumas
schaut der Erzähler fast höflich weg. Hier
passiert etwas, das zu schrecklich ist, um es
nachzuvollziehen, kündigt Whitehead an, und
in seiner Stille wird das Geschehene noch
schrecklicher. Die Lücken in der Erzählung
zwingen die Leser*innen, die leeren Stellen
selbst zu füllen. Wir stellen uns den Horror
nicht nur vor, sondern werden aktive Teilneh-
mer seiner Entwicklung.

Im Laufe des Romans finden die schlimmsten gewaltvollen Momente häufig im Off statt. Cora wird nicht Zeugin des Schicksals einer entflohenen Freundin, eines Mädchens, das gefangen und «an einem großen Metallhaken, den man ihm durch die Rippen getrieben hatte», am Galgen erhängt wird, sondern hört von dem Tod durch andere. Während sie sich auf dem Dachboden eines Sklavereigegners versteckt, beobachtet sie durch ein Guckloch, wie die Stadtbewohner sich einmal die Woche in einem idyllischen Park versammeln, um Nachtreitern dabei zuzuschauen, wie sie entflohene Sklaven umbringen und die Straße mit ihren Leichen füllen. Whiteheads Roman behandelt eine Gewalt, die präzise und dennoch verborgen ist. Seine Sprache verschleiert und räumt gleichzeitig ein, was geschieht. In *Underground Railroad* existiert der Vorhang nicht, um die Leser*innen zu beschützen, sondern um uns herauszufordern. Whitehead zwingt uns, durch den Vorhang hindurchzuschauen, um die Gewalt zu erleben, die ein Erzähler aus dem 19. Jahrhundert hätte verstecken müssen.

In einem 1986 erschienenen Artikel über Harriet Jacobs *Erlebnisse aus dem Leben eines Sklavenmädchens*, eine der ersten Erzählungen von versklavten Menschen, die sexuelle Gewalt erwähnte, kritisiert Joanne M. Braxton die verzerrte Behandlung eines Genres, das sich in einer unverhältnismäßigen Weise auf die Geschichten «heroischer, männlicher Sklaven» fokussiere. *Erlebnisse* sei ein Text, der ihr gezeigt habe, dass «die Stille und die Lücken in den Erzählungen von Frauenleben manchmal bedeutender sind als die ausgefüllten Stellen». *Menschenkind* wie auch *Underground Railroad* nehmen sich dieser Lücken an durch die Fokussierung auf Frauenfiguren, die zu kompliziert sind, um den Vorstellungen von einem Sklaven-Narrativ eines weißen Publikums aus dem 19. Jahrhunderts gerecht zu werden.

Sethe vollzieht einen unvorstellbaren Akt – den Mord ihres eigenen Kindes –, doch es ist der einzig ihr bekannte Weg, um ihre Tochter zu befreien. Cora wird sexuell misshandelt, nicht von einem wollüstigen Herrn, sondern von anderen Sklaven. Sie ist kratzbürstig und unsentimental und trotzdem verletzlich. Schwierig zu lieben, aber wert, geliebt zu werden. Wie Morrison hinterfragt Whitehead die blinden Flecken der Geschichte, indem er sich der Form und Sprache der Sklavenerzählung bedient, um eine Leserschaft des 21. Jahrhunderts zu zwingen, die Gewalt mit neuen Augen zu sehen.

Das ist eine der größten Tragödien der Erzählungen von Sklaven: der schädliche Glaube, dass jene mit der meisten Erfahrung am wenigsten Autorität besäßen, diese Geschichten zu erzählen. Vom ehemaligen Sklaven-Erzähler wurde erwartet, dass er zwar seine Unterdrückung verurteilte, dabei aber eine nuancierte Darstellung seines Unterdrückers beibehielt. Er oder sie sollte sich an die Ereignisse aus seinem Leben auf eine Weise zurückerinnern, die klar, neutral und ohne Widersprüche war, um zu vermeiden, dass man ihn/sie der Verfälschung der Vergangenheit beschuldigte.

Es ist schwierig, sich vorzustellen, wie irgendein Autor unter diesen unmöglichen Voraussetzungen die brutale Wahrheit über amerikanische Sklaverei hätte erzählen können. Selbst Frederick Douglass wurde von einem zeitgenössischen Kritiker für die «Schwere seines Urteils und seine einseitige Sicht» kritisiert. Und dennoch, wie Morrison feststellte, «hat keine Sklavengesellschaft in der Geschichte mehr – oder reflektierter – über ihre eigene Versklavung geschrieben». Schwarze amerikanische Literatur kann bis zu diesen Männern und Frauen zurückverfolgt werden, die in Gefangenschaft geboren wurden und für ihre Bildung kämpften und schrieben, um uns alle zu befreien. Zwei Jahrhunderte später führen Schwarze Autor*innen als Erben dieses literarischen Vermächtnisses die Tradition fort. Und das in einer Zeit, in der das weiße Publikum die Geschichten über Sklaverei zwar eifrig konsumiert, sich aber immer noch nur widerwillig mit ihrer Brutalität auseinandersetzen will.

Vor kurzem sagte mir in einer Unterhaltung über *Underground Railroad* eine weiße Frau, dass sie noch zögere, Whiteheads Roman zu lesen, da sie gehört hätte, dass er schaurig sei. «Und ist er es wirklich?», wollte sie wissen. Sie wollte meine Vergewisserung. Ich verstehe, was sie meint. Ich finde es immer noch schwer, hinzuschauen. Aber Schwarze Autor*innen reißen nun den Vorhang runter, und ich bin dankbar, endlich zu sehen.

ADDY WALKER, EIN
AMERIKANISCHES MÄDCHEN

Im Jahr 1864 wurde ein neun Jahre altes, versklavtes Mädchen dafür bestraft, dass sie tagträumte. Abgelenkt von Gerüchten über die Ersteigerung ihres Bruders und Vaters, vergaß sie die Würmer von den Tabakblättern, die sie pflückte, zu entfernen. Der Aufseher peitschte sie nicht aus. Stattdessen hielt er ihren Mund auf, stopfte einen Wurm hinein und zwang sie, den Wurm zu essen.

Dieses Mädchen ist nicht echt. Ihr Name ist Addy Walker, sie ist eine American Girl Doll, eine von acht historischen Puppen, die von der Firma Pleasant Company hergestellt wurden und mit Kleidern, Accessoires und einer Serie von Büchern über ihre Leben geliefert werden. Von allen grauenvollen Szenarien, die mir innerhalb der Sklavenerzählungen bisher begegnet sind, ist die Erinnerung an diese Szene aus *Meet Addy* am lebhaftesten. Wie der Wurm, fett, grün und saftig, in Addys Mund platzt. Mit acht Jahren verstand ich, dass Sklaverei unmenschlich war. Ich wusste von der harten Arbeit und den Schlägen, aber die Vorstellung, dass ein kleines Mädchen gezwungen wurde, einen Wurm zu essen, machte mich fassungslos. Ich verstand noch nicht, dass Gewalt eine Kunst ist und dass Grausamkeit kreativ sein kann. Was wusste ich damals schon über die Grenzen und Ränder der Grausamkeit?

*

Ein American-Girl-Geschäft ähnelt der Phantasiewelt eines kleinen Mädchens oder zumindest dem, was sich die Pleasant Company, Firmentochter von Mattel, darunter vorstellt. Die Wände leuchten pink, und auf gelben Regalen werden die Puppen in Ausstellungskästen zur Schau gestellt. Es gibt Krankenschwestern, die die kaputten Spielzeuge pflegen, und ein Café, in dem Teepartys für Mädchen und ihre Puppen stattfinden. Die Firma stellt inzwischen viele der historischen Puppen aus meiner Kindheit nicht mehr her – Felicity, die Kolonistin, Kirsten, die Siedlerin, und die Zweite-Weltkriegs-Molly, alle drei Puppen des Original-Sets von 1986 – nur Addy bleibt.

Vor dem Hintergrund der pinken Teepartys im Geschäft wirkt ihre Geschichte noch entsetzlicher. Addy und ihre Mutter fliehen in den Norden und lassen ihre kleine Schwester zurück, da ihre Schreie die Sklavenfänger auf sie aufmerksam machen könnten. In Philadelphia angekommen, findet sich Addy nur schwer zurecht und träumt von der Wiedervereinigung ihrer Familie. Und tatsächlich finden sie einander am Ende wieder, was für eine versklavte Familie nahezu unmöglich war und auch nur zu einem hohen Preis. Ihr Bruder verliert einen Arm, während er im Bürgerkrieg kämpft. Ihre Ersatzgroßeltern sterben auf der Plantage, noch bevor sie sich von ihnen verabschieden kann. Auch andere American Girls haben ein schwieriges Leben, aber Addys Geschichte ist entschieden traumatischer.

Siebzehn Jahre lang war Addy die einzige Schwarze historische Puppe und bis 1998 die einzige nicht weiße Puppe überhaupt. Wenn du als weißes Mädchen eine historische Puppe wolltest, die dir ähnelt, konntest du dir ein Leben in Samanthas viktorianischem Haus oder auf der Prärie mit Kirsten ausmalen. Als Schwarzes Mädchen konntest du dich nur in ein Leben als entflohene Sklavin hineinversetzen.

Seit 2013 hat eine Petition auf change.com, die einen Herstellungsstopp der Addy-Puppe fordert, fast siebzig Unterschriften versammelt. «Sklaverei war ein grausamer, bösartiger, unmenschlicher und ungerechter Holocaust an Schwarzen Amerikanern», heißt es in der Petition. «Wieso kann ein solches Thema der Unterhaltung dienen?» Die Pleasant Company betreibe eine «Verharmlosung der Grausamkeit der Sklaverei und ihre Verherrlichung als abenteuerliche Phantasie».

Ich fand Addy nie unbedacht und unsensibel wie die Unterzeichner der Petition, aber dennoch stört mich etwas an ihr. Sie ist ein

Spielzeug, dessen imaginäres Leben von Tragödie durchdrungen ist, und wem wird zum Spielen bitte Tragödie angeboten? Wer bekommt die pinken Geschäfte und Teepartys und wer die Würmer? Als ich die Addy-Puppe zu Weihnachten bekam, war ich unschuldig genug, um zu glauben, dass der Weihnachtsmann sie mir gebracht hatte, aber anscheinend schon reif genug, um von den Grausamkeiten der Sklaverei zu erfahren.

«Darüber habe ich gar nicht nachgedacht», sagte mir meine Mutter. «Ich dachte einfach, dass es eine schöne Puppe ist.»

*

Meine Mutter besaß, bis sie sieben oder acht Jahre alt war, keine Puppe. Sie wuchs im ländlichen Louisiana als eines von neun Kindern auf, und da ihre Mutter es sich nicht leisten konnte, ihr Puppen zu kaufen, stellte sie eigene Puppen aus Maiskolben her. Eines Tages brachte ihr Onkel Puppen aus Chicago mit. Sie waren weiß. Schwarze Puppen als Massenartikel gab es bis Ende der Sechziger nicht zu kaufen; und davor waren die meisten Schwarzen Puppen hässliche, rassistische Karikaturen.

Natürlich gibt es rassistische Puppen immer noch zu kaufen. Golliwogs, Stoffpuppen mit schwarzen Gesichtern, werden im Vereinigten Königreich nach wie vor verkauft; erst 2009 wurden sie endlich aus einem Souvenirladen in Sandringham, dem Landsitz der Queen, entfernt. Pickaninny-Puppen, rassistische Karikaturen von Schwarzen Kindern, leben in den Häusern von Sammlern und den Tiefen des Internets weiter. Ebay-Verkäufer werben mit «charmanten Vintage» Pickaninny-Puppen mit schwarzer Haut, hervorstehenden Augen und vollen, roten Lippen. Eine Etsy-Seite beschreibt eine Aufziehpuppe als ein «historisches Relikt aus Amerikas Vergangenheit», ein Antikstück, das einen «weinenden, schwarzen, kleinen Jungen» darstellt, der «die stereotypische Handlung der Pickaninny-Puppen vollzieht und ein Stück Wassermelone von der Plantage isst». Der Verkäufer erkennt an, dass die Puppe «sicherlich rassistisch» sei, lobt aber

die «liebenswürdigen Eigenschaften des Klein-
kinds mit seiner charmanten Figur und den sü-
ßen, pummeligen Wangen und Körperteilen».

In *Racial Innocence: Performing American Childhood from Slavery to Civil Right*
setzt sich Robin Bernstein mit der Beliebtheit
der Pickaninny-Puppen bei weißen Kindern
im 19. Jahrhundert auseinander. Die leiden-
schaftliche Liebe für die Schwarzen Puppen
wurde oft in Form von Gewalt ausgedrückt.
Weiße Kinder verstümmelten ihre Schwarzen
Puppen, schnitten ihre Hälse auf, schlitzten
sie an den Beinen auf oder erhängten und ver-
brannten sie. «Liebe und Gewalt schlossen
einander nicht aus, sondern hingen zusammen», schreibt Bernstein. Obwohl Kinder oft
gewaltvolle Handlungen an ihren Puppen aus-
üben, «suchten sich weiße Kinder des 19. Jahrhunderts Schwarze Puppen für besonders
grausame Akte aus». Dies ist kein Zufall. Pickaninny-Puppen dienten oft als Ziel von Gewalt
wie auf einer Postkarte von um 1900, auf der
ein weißer Mann in einem Kirmes-Spiel, das
«Schlag die Niggerbabys» hieß, Baseball-Bälle

auf Pickaninny-Puppen schmeißt. Ähnlich liest sich eine Anzeige für eine Stoffpuppe aus einem 1893 erschienenen Jugendmagazin:

Welches Kind in Amerika wünscht sich nicht eine Stoff-Niggerpuppe – eine, die gestreichelt und herumgeworfen werden kann, ohne Schaden zu nehmen oder anzurichten? Pickaninny erfüllt all diese Bedingungen.

Was bedeutet es, wenn eine Anzeige für eine Puppe nicht nur die Gewalt eines weißen Kindes gegenüber der Verkörperung eines Schwarzen Kindes anerkennt, sondern diese auch noch ermutigt? Vielleicht bedeutet es nichts. Puppen sind nicht echt – sie fühlen keinen Schmerz. Und Pickaninnys anscheinend auch nicht: In Büchern, auf Postkarten und in Minstrel-Shows sah man sie von Felsbrocken erschlagen, von Hunden zerfleischt und über Alligatoren als Köder hängend.

Addy ist keine Pickaninny-Puppe. Sie ist sorgfältig angefertigt, und ihre Geschichte stellt sie als intelligentes und mutiges Mädchen dar. Generationen von Schwarzen Mädchen vor mir hätten es geliebt, eine Addy in ihren Armen zu halten. Aber sie ist immer noch kompliziert und mit einer schmerzhaften Geschichte beladen. Wenn eine Puppe an der Grenze zwischen Ding und Mensch existiert, was bedeutet es dann, eine Puppe zu besitzen, die ein versklavtes Kind verkörpert, das ebenfalls an dieser Grenze existierte?

*

Puppen waren nie bloß Spielzeuge, vor allem nicht während Amerikas «Racial History». Michele Mitchell schreibt in *Righteous Propagation: African Americans and the Politics of Racial Destiny* über Schwarze Reformer im frühen 20. Jahrhundert, die argumentierten, dass, wenn schöne, weiße Puppen die Überlegenheit Weißer und Minstrel-Puppen die Unterlegenheit Schwarzer Menschen verstärkten, der Besitz schöner Schwarzer Puppen Schwarzen Kindern vielleicht zu mehr Stolz verhelfen könnte. Booker T. Washington schrieb 1910 darüber, dass Schwarze Puppen «Schwarzen Mädchen und Frauen ein Gefühl von Respekt gegenüber ihrer eigenen *Race* geben werden». Marcus Garvey bat Mütter, «ihren Kindern Puppen zum Spielen und Kuscheln zu geben, die ihnen ähneln, sodass sie später ihre Kinder lieben und für sie sorgen könnten und sie nicht vernachlässigen würden».

Einige Jahrzehnte später spielten Puppen eine entscheidende Rolle beim Beenden der Rassentrennung. Dr. Mamie Clarks und Kenneth Clarks berühmter Puppentest stellte Kinder vor die Wahl zwischen zwei Puppen, die bis auf ihre Farbe und Haare identisch waren. Sie fragten die Kinder eine Reihe von Fragen: Mit welcher Puppe spielst du gerne? Welche Puppe hat eine schöne Farbe? Wenn sie die letzte Frage stellten – Welche Puppe sieht aus wie du? –, brachen viele Schwarze Kinder, die bis dahin die weiße Puppe bevorzugt hatten, in Tränen aus. Die Clarks sagten als Experten in den *Brown-v.-Board-of-Education*-Verhandlungen aus und stellten ihre Resultate vor, um zu beweisen, dass die Rassentrennung an öffentlichen Schulen dem Selbstwertgefühl Schwarzer Kinder schadet.

Der Puppentest wurde 2005 wiederholt, fünfzig Jahre nach dem Ende der Rassentrennung, trotzdem bleiben die Resultate die gleichen. In einem Video zeigt ein Schwarzes Mädchen auf eine weiße Puppe, nachdem sie gefragt wird, welche Puppe schöner und intelligenter sei. Als sie gefragt wird, welche der Puppen ihr ähnele, zögert sie, die Schwarze Puppe anzufassen. Ein Zögern, das mir das Herz bricht.

2011 brachte die Pleasant Company ihre zweite historische Schwarze Puppe heraus: Cécile, ein Mädchen, das 1850 in New Orleans aufwächst. Sie hat eine weiße, beste Freundin und träumt davon, ein Kleid für den Mardi-Gras-Kinderball zu finden. Viele Schwarze Eltern waren erleichtert, als Cécile vorgestellt wurde. Shelley Walcott, eine Reporterin aus Milwaukee, schrieb, dass, obwohl sie glaube, dass es «unerlässlich sei über die Geschichte der Sklaverei in Amerika zu lernen und wir diesen Teil nicht vor unseren Kindern verstecken sollten», sie sich lange gewünscht hatte, dass die Pleasant Company eine weitere Schwarze Puppe herausbringen würde. Eine, die eine «positivere Zeit in der afroamerikanischen Geschichte zelebriert».

«Als ein Elternteil», schreibt sie, «finde ich, dass sich Céciles Geschichte besser für die Spielstunde eignet als Szenen von der Plantage und einem peitschenden Sklavenhalter... Vieles in der afroamerikanischen Geschichte ist schmerzhaft. Und ich bin froh zu sehen, dass die American-Girl-Leute eine Puppe einführen, die Kindern eine weniger ... heftige Phantasie abverlangt.»

Aber die Produktion von Cécile wurde 2014 eingestellt – ebenso wie die der einzigen historischen asiatisch-amerikanischen Puppe, Ivy Ling. Cécile ist hellhäutig mit langen, schönen Locken. Sie träumt von hübschen Kleidern. Wenn man mich als Mädchen gefragt hätte, ob ich Addy oder Cécile haben möchte – ich frage mich, welche von beiden ich gewählt hätte.

In *A Talk to Teachers* beschreibt James

Baldwin die Unausweichlichkeit, dass junge, Schwarze Kinder irgendwann die «Form ihrer Unterdrückung» entdeckten:

Als Erwachsene sind wir leicht zu täuschen, da wir uns fürchten, getäuscht zu werden. Aber Kinder sind sehr anders. Kinder, nicht ahnend, dass es gefährlich ist, irgendetwas genauer anzuschauen, schauen alles, schauen einander an und ziehen ihre eigenen Schlüsse. Sie haben noch kein Vokabular, um zu erklären, was sie sehen ... aber ein Schwarzes Kind, das sich die Welt um sich herum anschaut, auch wenn es noch nichts so richtig damit anfangen kann ... ist sich der furchtbaren Last auf den Schultern seiner Eltern bewusst und dass sie auch ihm droht.

Vielleicht gibt das Spiel mit Puppen wie Addy und das Lesen von Büchern über ihr Leben Kindern eine Sprache, mit der sie die schreckliche, bedrohliche Last von Rassismus konfrontieren können. Vielleicht ist es besser, eine Sprache zu haben, auch wenn diese weh tut.

Trotzdem beneide ich das Privileg des Nichtwissens. 2013 machte Laura Murphy Schlagzeilen, als sie sich dafür einsetzte, dass der Schulbezirk Schülerinnen erlauben sollte, Toni Morrisons Roman *Menschenkind* nicht zu lesen. Das Buch, behauptete sie, sei «zu heftig für Teenager», und ihr siebzehnjähriger Sohn habe nach dem Lesen Albträume gehabt.

Ja, gut, *Menschenkind* sollte deinem Kind Albträume bescheren. Wieso sollte es ihrem Sohn erlaubt sein, eine entsetzliche Geschichte nicht lesen zu müssen, weil die Geschichte ihn verstört? Ihr Sohn gab zu, dass das Buch «schwer zu verdauen war», also brach er die Lektüre ab. Murphy argumentierte später, dass sie nicht versucht hätte, das Buch zu verbieten; stattdessen wolle sie als Elternteil darüber entscheiden dürfen, ob ihre Kinder verstörendem Inhalt ausgesetzt werden oder nicht. Sie möchte die Möglichkeit haben, die Unschuld ihres Kindes zu schützen. Aber wie Bernstein argumentiert, war kindliche Unschuld immer

Weißen vorbehalten. Weiße Kinder fühlen Schmerz. Schwarze Kinder dürfen kaum Kinder sein.

Eine Studie im *Journal of Personality and Social Psychology* fand kürzlich heraus, dass Schwarze Jungen im Durchschnitt viereinhalb Jahre älter geschätzt wurden, als sie waren. In manchen Fällen wurde ein Schwarzes Kind als Erwachsener wahrgenommen, obwohl es gerade einmal dreizehn Jahre alt war. «Kinder werden in den meisten Gesellschaften als eigene Gruppe mit Eigenschaften wie Unschuld oder Schutzbedürftigkeit betrachtet», besagt die Studie. Aber Schwarze Jungen werden «in einem Alter, in dem weiße Jungen noch von der Annahme profitieren, dass Kinder im Wesen unschuldig sind», verantwortlich für ihre Taten gemacht. Ist es also überraschend, dass Tamir Rice, ein zwölfjähriger Schwarzer Junge, der mit einer Spielzeugpistole in einem Park spielte, von der Polizei erschossen wurde, noch bevor das Polizeiauto anhielt? Die Person, die die Polizei rief, hatte gewarnt, dass die Waffe «wahrscheinlich unecht» sei und Rice «möglicherweise jugendlich». Und trotzdem erschoss ein Polizeibeamter ihn innerhalb weniger Sekunden. Überwachungsvideos zeigen, wie Rice noch kurz zuvor Schneebälle zertrat, so wie jedes Kind es tun würde. Als der Anrufer ihn sah, saß Tamir Rice auf einer Spielplatz-Schaukel.

*

In der sechsten Klasse durfte ich in einem Theaterstück der Stadtbibliothek die Rolle der Addy spielen. Zu dem Zeitpunkt war ich schon zu alt für Puppen. Etwas später würde ich *Roots* lesen und lernen, dass ein versklavtes Mädchen mehr zu fürchten hatte als Würmer, aber ich war noch nicht aus der Lust am Verkleiden herausgewachsen, und so nähte mir meine Mutter das pink gestreifte Kleid von der Titelseite von *Meet Addy*, und ich betrat die Bühne. Später signierte ich, noch als Addy verkleidet, Autogramme für schüchterne Mädchen, die ihre Addy-Puppen in den Armen hielten. Das ist die besondere Freude an der American-

Girl-Puppe: Sie ist eine Puppe in deinem Alter, die mit ihrer Biographie in dein Leben kommt, dich in die Geschichte eintauchen lässt und dir die Möglichkeit gibt, sich ein Leben neben ihr vorzustellen. Addy vermenschlicht die Sklaverei für Kinder, was wichtig ist, da Sklaverei naturgemäß entmenschlicht.

In einer Diskussion an der University of Michigan sagte Marilyn Nelson, dass sie ungläubig gelacht habe, als ihr Verlag sie bat, ein Kinderbuch über Emmett Tills Hinrichtung zu schreiben. Aber sie tat es. Sie schrieb *A Wreath for Emmett Till* und erledigte damit die Arbeit, die Schwarze Autor*innen und Schwarze Erwachsene machen, wenn sie die Schmerzen des Rassismus der nächsten Generation beibringen. Eines Tages werde ich diese Arbeit auch machen müssen, und ich hoffe, ich kann es mit derselben Anmut wie meine Eltern tun, für die diese Auseinandersetzung mit den brutalen Geschichten auch ein Akt der Liebe war.

«Ich wollte, dass Kinder afroamerikanische Menschen als Teil von starken, liebevollen Familien sehen, die in der Sklaverei taten, was sie tun mussten, um zu überleben», sagte Connie Porter, die Autorin der sechs Addy-Bücher. Sie erlaubte mir, nicht wegzuschauen. Sie zwang mich zu schlucken.

WEIßER TERRORISMUS IST SO
ALT WIE AMERIKA SELBST

Meine Großmutter erzählte manchmal davon, wie Klansmänner nachts durch Louisiana ritten. Wie ihre weißen Kleider in der Dunkelheit schimmerten und wie Schwarze Menschen sich in den sumpfigen Flussarmen, den sogenannten Bayous, versteckten, um ihnen zu entkommen. Vor ihrer Zeit, während der «Reconstruction», glaubten Ku-Klux-Klan-Mitglieder, dass sie abergläubische Schwarze Menschen aus ihrer neu gefundenen Freiheit verschrecken könnten. Sie trugen furchterregende Kostüme, unter denen sie sich jedoch nicht wirklich versteckten. Viele ehemals versklavte Menschen erkannten ihre Chefs und Nachbarn unter den weißen Laken. In ihrer Maskierung waren sie unheimlich, ein sichtbarer und doch verschleierter Terror. Neben dem Prügeln und Ermorden von Schwarzen Menschen behaupteten sie, die Geister der Soldaten der Konföderierten zu sein.

Man könnte natürlich argumentieren, dass es keine Geister der Konföderation geben kann, da die Konföderation noch lange nicht tot ist. Die Sterne und Balken leben weiter, stolz schmücken sie T-Shirts und Nummernschilder, und die Flagge, das überragende Symbol der Sklaverei, weht immer noch über dem Kapitol von South Carolina. Die Morde haben ebenfalls nicht aufgehört, wie der Tod von neun Schwarzen Menschen in einer Kirche in Charleston zeigt. Der Verdächtige, der weiß ist, wurde in neun Fällen des Mordes angeklagt. «Ihr vergewaltigt unsere Frauen, und ihr reißt unser Land an euch. Ihr müsst weg», soll er dem Bibelkreis gesagt haben, bevor er das Feuer eröffnete.

Die Medien waren zögerlich, die Ereignisse in Charleston als Terrorismus einzustufen, obwohl sie die Geschichte des Terrorismus in unserem Land unheimlich klar widerspiegelten. In Amerika gezüchteter Terrorismus entstand, um die Bewegungsfreiheit und Freiheit von freien Schwarzen Amerikanern einzuschränken, als sie zum ersten Mal einen Teil der politischen Macht bekamen. Der *Ku Klux Klan Act*, der, wie Gesetzgeber hofften, den Klan durch den Einsatz militärischer Gewalt einschränken würde, zählt zu den ersten antiterroristischen Gesetzen Amerikas. Als das Gesetz 1871 landesweit verabschiedet wurde, musste in neun Landkreisen in South Carolina der Kriegszustand ausgesprochen werden, und Scharen von Menschen wurden festgenommen. Die Ängste des Charleston-Schützen – von Schwarzen Männern, die weiße Frauen vergewaltigen, und Schwarzen Menschen, die das Land an sich reißen – sind dieselben wie die von Klansmännern, die Gewalt und Einschüchterung benutzten, um die Gemeinden von freien Schwarzen zu kontrollieren.

Trotz all dieser Parallelen hören wir immer noch endlose Spekulationen über die Motive des Charleston-Schützen. Die Gouverneurin von South Carolina, Nikki Haley, schrieb in einem Facebook-Post: «Auch wenn wir noch nicht alle Details wissen, wissen wir, dass wir nie verstehen werden, was jemanden motiviert, in eine Gebetsstätte einzutreten und das Leben eines anderen zu nehmen.» Trotz Berichten, dass der Mörder seinen Rassenhass verkündet hatte, bevor er die Gemeindemitglieder erschoss, sind seine Motive unergründlich. Selbst nachdem Fotos erschienen, in denen der Schütze in einer Jacke, geschmückt mit den Flaggen von Rhodesien und Südafrika zur Zeit der Apartheid, an einem Auto lehnt, das mit der Konföderierten-Flagge geschmückt ist – alles greifbare Beweise seiner gewaltvollen, rassistischen Ideologie –, bleiben seine Taten scheinbar nicht entzifferbar.

Das ist das Privileg des Weißseins: Obwohl ein Terrorist weiß ist, hängt seine Gewalt nicht mit seinem Weißsein zusammen. Ein weißer Terrorist hat einzigartige, komplizierte Motive, die wir nie verstehen werden. Er kann ein verstörter Einzelgänger sein oder ein Monster. Er ist entweder psychisch krank oder das reine Böse. Der weiße Terrorist existiert nur als eine Dyade von Extremen: Entweder wird er vermenschlich, bis man mit ihm sympathisiert, oder er ist so monströs, dass er mythologische Züge annimmt. Nie steht er für etwas Größeres über das Weißsein oder ist er ein Allerwelts-Terrorist. Er repräsentiert nichts außer sich selbst. Ein weißer Terrorist ist alles, was ihn wie eine Anomalie erscheinen lässt und von der langen, berühmten Geschichte des weißen Terrorismus trennt.

Ich bin immer wieder überrascht von der Zurückhaltung, weißen Terrorismus als solchen zu benennen, und davon, wie zögerlich die weiße Hautfarbe bei rassistischen Taten überhaupt erwähnt wird. Jüngst wurden in einem *New-York-Times*-Artikel über die Geschichte des Lynchens die Opfer ständig als Schwarz bezeichnet. Doch nicht ein Mal wurden die gewaltvollen Akteure als das beschrieben, was sie waren: weiß. Die weißen Lynch-Mobs wurden stattdessen als «eine Gruppe von Männern» oder als «Mob» bezeichnet. In einem Artikel über rassistische Gewalt ist die Tilgung des Weißseins absurd. Die Hautfarbe der Opfer ist relevant, aber irgendwie scheint die der Täter zufällig. Wenn wir bereit sind, einzugestehen, dass *Race* der Grund ist, warum Schwarze gelyncht werden, warum wollen wir dann nicht eingestehen, dass *Race* auch der Grund ist, warum Weiße sie lynchen?

Nach dem Charleston-Massaker erwähnte Präsident Obama Weißsein nur einmal – in einem Zitat von Rev. Dr. Martin Luther King, das interkulturelle Harmonie fördern sollte. Obama erkannte vage an, dass es «nicht das erste Mal ist, dass Schwarze Kirchen angegriffen werden», aber er weigerte sich zu erwähnen, wer diese Kirchen attackiert hatte. Seine passive Sprache spiegelt diese eigenartige Unbestimmtheit wider, dieses Zögern, weißen Terrorismus überhaupt zu benennen, als ob Schwarze Kirchen von einer körperlosen Kraft angegriffen wurden und nicht von echten Menschen, deren rassistische Ideologie tief verwurzelt ist und über die Grenzen dieses Landes hinaus existiert.

Ich verstehe die Gemütlichkeit hinter seiner Sprache. Wenn weiße Gewalt unausgesprochen und unerkannt bleibt und weiße Terroristen entweder Heilige oder Dämonen sind, müssen wir uns nicht mit der noch komplizierteren Realität rassistischer Gewalt auseinandersetzen. In unserer Zeit kündigt sich rassistischer Terror nicht mehr in weißen Kapuzen und Roben an. Du kannst ein Einundzwanzigjähriger sein, der viele Schwarze Facebook-Freunde hat und harmlose rassistische Witze erzählt, und trotzdem einen schrecklichen Akt rassistischer Gewalt vollziehen. Wir können uns nicht mehr länger von den Monstern distanzieren, da die Monster nie existierten. Sie waren schon immer menschlich.

In Amerikas zeitgenössischer Vorstellung ist Terrorismus fremd und braun. Solche Terroristen haben keine komplexen Motive. Wir rufen einander nicht dazu auf, uns mit einem Urteil zurückzuhalten, bis wir ihren Facebook-Feed durchsucht und ihre Freunde interviewt haben. Wir ziehen keine Psychologen zurate, um ihre psychische Gesundheit zu analysieren. Wir wissen sofort, warum sie töten. Aber ein weißer Terrorist ist ein Rätsel. Ein weißer Terrorist hat keine Geschichte, keinen Kontext und keinen Ursprung. Er ist für immer unbekannt. Seine schiere Existenz ist unaussprechbar. Wir sehen ihn, tun aber so, als ob wir ihn nicht sehen würden. Er ist ein Geist, der in der Nacht schwebt.

WER INS SCHWIMMBAD DARF

In einer Rede aus dem Jahr 1948, in der sich Strom Thurmond an Mitglieder seiner Partei, die Dixiekraten, richtete, verkündete er, dass nicht mal die gesamte Armee der Vereinigten Staaten weiße Südstaatler dazu zwingen könne, Schwarzen Menschen den Zugang zu ihren Kinos, ihren Schwimmbädern, Häusern und Kirchen zu erlauben. Mich erstaunt es immer wieder, wie er Schwimmbäder als Schauplätze des Kampfes der Rassentrennung beschwört, obwohl es mich eigentlich nicht überraschen sollte. Immerhin sind die stärksten Symbole der Jim-Crow-Ära mit Wasser verbunden, von den getrennten Trinkbrunnen zu den getrennten Toiletten, Schwimmbädern und Stränden.

In einem YouTube-Video von einer Poolparty, die in McKinney, Texas, stattfand, wird eine Gruppe Schwarzer Teenager von einem weißen Polizisten anscheinend geschubst, mit Handschellen festgehalten und mit einer Waffe bedroht. Der Polizist hält ein Schwarzes Mädchen an ihren Haaren fest und schmeißt sie dabei auf den Boden. Er drückt sein Knie auf ihren Rücken, während sie schreit. Laut der Polizei von McKinney ging dem Einsatz ein Anruf voraus, bei dem eine Störung gemeldet wurde, die von Jugendlichen ausging, die nicht in der Gegend lebten oder die Erlaubnis hatten, dort zu sein.

Der verantwortliche Polizist trat schließlich zurück, und die Polizei kündigte eine Untersuchung an. Die Schwarzen Teenager, die die Party besucht hatten, berichteten, dass ihnen, noch bevor die Polizei kam, weiße Erwachsene sagten, sie sollten den Pool verlassen und «zurück in ihre Sozialwohnungen gehen».

Nachdem der Vorfall landesweit für Aufsehen gesorgt hatte, machte ein Bild, das von einem örtlichen Reporter geteilt wurde, die Runde. Auf dem Bild ist ein Schild zu sehen, das außerhalb des Schwimmbads aufgestellt wurde. Darauf steht: «Danke an die Polizei

McKinney, dass sie uns beschützt.» Wenn ein Polizist eine Waffe auf unbewaffnete Teenager richtet und damit eine Gemeinde beschützt, was für eine Gefahr geht dann von Schwarzen Kindern in Schwimmbädern aus?

Wir wissen noch nicht, was genau in diesem Schwimmbad geschah, und werden es vielleicht auch nie wissen, aber das Bild eines Polizisten, der ein Schwarzes Kind in einem Badeanzug misshandelt, erinnert an den langen Kampf darum, wer Zugang zu Wasser hat und wer nicht.

Wasser ist schon lange Schauplatz von Rassenangst. Die Auflösung der Rassentrennung in Stadtbädern führte schon früh zu Aufständen, wie im Jahr 1931, als in Pittsburgh junge Schwarze Männer von weißen Schwimmern geschlagen, unter Wasser gedrückt und aus dem Wasser gezogen wurden, während Polizisten tatenlos zuschauten. Getrennte Strände waren ein frühes Schlachtfeld im Kampf für Integration in Mississippi. Als 1960 mehr als hundert Schwarze Menschen demonstrativ zum Strand gingen, attackierte sie ein weißer

Mob mit Stöcken, Bleirohren und Ketten. In einem Nachrichtenbeitrag wurde der Angriff als der schlimmste Rassenaufstand in der Geschichte Mississippis bezeichnet.

Die Segregation des Wassers ist nicht nur eine Tradition des Südens. In Kalifornien wurde mexikanischen Amerikanern der Zugang zu Restaurants, Schulen und natürlich Schwimmbädern verwehrt. In einem Interview mit der *Los Angeles Times* aus dem Jahr 2010 beschrieb Sandra Robbie, eine Filmemacherin, die Spaziergänge durch Orte der Bürgerrechtsgeschichte Orange Countys kuratiert, die Rassentrennung, die sie während ihrer Kindheit in der Gegend beobachtete. «Montag war Mexikaner-Tag», sagte sie. «Und am nächsten Tag leerten sie den Pool und säuberten ihn, sodass die Weißen ihn die restliche Woche benutzen konnten.»

In *Contested Waters: Eine Sozialgeschichte der Schwimmbäder* argumentiert Jeff Wiltse, dass die rassistische Anspannung angesichts der Integration von Schwimmbädern sich auf zwei essenzielle Ängste zurückführen ließe:

Kontaminierung und Rassenmischung. Die Nutzung von Schwimmbädern habe einst Menschen entlang sozialer Klassen getrennt, als die weiße Mittelschicht vermeiden wollte, mit armen, europäischen Einwanderern zu schwimmen, von denen sie glaubten, sie seien geplagt von Krankheiten. Nach der «Great Migration» wurde diese Angst auf *Race* übertragen, als Weiße aller Klassen fürchteten, dass sie durch das Schwimmen mit Schwarzen kontaminiert werden würden. In Pittsburgh wurden in den späten dreißiger Jahren Schwarze Schwimmer aufgefordert, das Becken zu verlassen und ein «Gesundheitszertifikat» vorzulegen, um zu beweisen, dass sie frei von Krankheiten waren. Für weiße Schwimmer galt das natürlich nicht.

Eine vielleicht noch größere Angst, stellt Wiltse fest, kam auf, als die Geschlechtertrennung in Stadtbädern aufgehoben wurde und Frauen und Männer zusammen schwimmen durften: «Vor allem weiße Männer aus dem Norden haben sich dagegen gewehrt, dass Schwarze Männer die Gelegenheit haben würden, mit weißen Frauen in einem so intimen und erotischen öffentlichen Raum zu interagieren.»

Nach dem *Brown-v.-Board-of-Education-*Urteil 1954 argumentierte ein Anwalt der Stadt Baltimore, dass die Rassentrennung in Schwimmbädern erhalten bleiben solle, da «Schwimmbäder zu ‹engem› und ‹körperlichem Kontakt› zwischen Männern und Frauen führten». Der Richter Roszel Thomsen stimmte zu und hielt die Segregation in Schwimmbädern weiterhin aufrecht. Er erklärte, wie Wiltse schreibt, dass «Schwimmbäder aufgrund der visuellen und körperlichen Intimität, die ihre Benutzung mit sich bringe, heikler seien als Schulen».

In der Vorstellung weißer Rassisten sind diese Ängste ein und dasselbe. Intimität zwischen den *Races* ist Kontaminierung. Sich zu mischen bedeutet, sich anzustecken.

Ich bin in einer Stadt am Meer aufgewachsen und kann dennoch nicht schwimmen. Meine Eltern versuchten, mich als Kind in Schwimmkurse zu stecken, aber ich hasste alles daran:

meinen Kopf unter Wasser zu halten, Chlor zu riechen, meine Haare nass zu machen. Wasser war schon immer natürlich und unnatürlich, eine Bedrohung und Unvermeidlichkeit.

Meine Mutter schwimmt ebenfalls nicht, auch wenn sie mich und meine Schwester einen Sommer lang pflichtbewusst zu unseren Schwimmkursen im Stadtbad fuhr. Sie wuchs im Südwesten Louisianas auf, wo das nächste Gewässer Flüsse oder der Golf von Mexiko waren. Sie ging auf eine segregierte Schule und besuchte den Gottesdienst in einer Kirche, auf deren Friedhof Schwarze und weiße Körper in getrennter Erde verrotteten. Orte wie Kirchenbänke oder Schulgebäude zu trennen, ist ja noch vorstellbar, doch wie trennt man einen Ozean, das Wasser?

«Es ist töricht», sagt meine Mutter. «Denn Wasser mischt sich. Wasser entscheidet nicht, in welche Richtung es fließt.»

Jahrzehntelang fürchteten sich weiße Schwimmer davor, den Strand mit Schwarzen Menschen zu teilen, weil sie Angst hatten, sich mit einer Krankheit anzustecken, und trotzdem stellten sie Schwarze ein, um ihr Essen zu kochen und sich um ihre Kinder zu kümmern. Strom Thurmond setzte sich gegen Rassenmischung ein, und doch kam nach seinem Tod heraus, dass er eine Tochter mit einer Schwarzen Frau hatte, die für seine Familie gearbeitet hatte. Rassismus ist von einer eigenartigen Intimität geprägt, und Wasser entblößt die Unvermeidlichkeit dieser Intimität. Wasser berührt mich und dann dich.

ICH DACHTE, ES WÜRDE BESSER FÜR DICH SEIN

Wenn wir auf das erste Jahr der Präsidentschaft Donald Trumps zurückblicken, erinnern wir uns an die xenophoben Maßnahmen, den ständigen Wechsel von Mitarbeiter*innen im Weißen Haus, den Aufstieg von unverfrorenen weißen Rassisten und die intensiven Russland-Ermittlungen. Wir denken an die NFL-Sportler, die knien, und an das Elend der Puerto-Ricaner, das nach Hurricane Maria erst verspätet vom Präsidenten anerkannt wurde. Woran wir uns wahrscheinlich nicht erinnern werden – und was für mich das wohl verwirrendste Merkmal dieses Jahres und dadurch am schwierigsten zu beschreiben ist –, ist, wie sich Zeit gewandelt hat.

Ich kann nicht glauben, dass, während ich das hier schreibe, die Gewalt in Charlottesville erst sechs Wochen her ist, dass Trump den Chef des FBIs vor nur 137 Tagen gefeuert hat oder dass er vor 59 Tagen verkündete, dass er Transmenschen aus dem Militärdienst ausschließen würde. Sicherlich werden zwischen dem Entwurf dieses Essays und seiner Veröffentlichung noch andere Skandale die öffentliche Aufmerksamkeit auf sich ziehen, um dann bald wieder vergessen und von neueren Kontroversen überlagert zu werden. Und doch ist es erst ein Jahr her, seit Trump ins Amt gewählt wurde. In Trump-Zeit fühlt sich eine Woche wie ein Jahr an und ein Jahr wie eine Woche.

Letzten November bestieg ich in der Wahlnacht in meiner Heimatstadt Los Angeles ein Flugzeug, um nach Boston zu fliegen. In der Luft tauchte ich in die Welt zweier Romane auf meinem iPad ab, glücklich darüber, keine Ablenkung zu haben. Das ist, was ich am Fliegen am meisten liebe: Für einige Stunden kannst du außerhalb der Zeit existieren. Als ich landete, schaltete ich mein Handy an und entdeckte, dass, während ich durch den Himmel schwebte, das Land eine neue Realität betreten hatte. Ich fuhr zu meinem Hotel, kam in meinem Zimmer an und rief meine Mutter an. Es war schon spät in Massachusetts, vielleicht ein Uhr morgens. Ich fühlte mich kindisch, als ich sie anrief, als ob meine Mutter etwas ändern könnte. Aber ich war einsam und verzweifelt und außerdem: Hatte sie nicht schon schlimmere Zeiten erlebt, als diese Präsidentschaft je mit sich bringen könnte?

«Ich dachte, es würde besser für dich sein», sagte sie sanft. Ich hatte das Gleiche gedacht, weshalb ich mich jetzt töricht fühlte. Draußen war die Straße dunkel und still. Ich starrte aus dem Fenster und stellte fest, dass ich nicht wusste, wo ich war.

Im Frühjahr 1968, mit gerade zwanzig Jahren, verließ meine Mutter Louisiana für einen Job als Fingerabdruckexpertin beim FBI in Washington, D.C. Sie war bis dahin nie weiter als Texas gereist, aber seit der weiterführenden Schule war Häuserputzen für fünf Dollar am Tag die einzige Arbeit, die sie in ihrer Kleinstadt finden konnte. Sie kam mit ihrer Schwester Liz in Washington an. Ich stelle mir oft vor, wie sie den Bahnhof Union Station verlässt, ähnlich wie die Ankunft von Dorothy in Oz. Verwandte hatten ihr geraten, bloß nicht zu zeigen, dass sie nicht aus D. C. war, um Betrüger fernzuhalten, also rutschten meine Tante und sie auf die Rückbank eines Taxis und taten so, als wären sie vollkommen unbeeindruckt von den Sehenswürdigkeiten, an denen sie vorbeifuhren. Ach, das Weiße Haus? Das Kapitol? Haben wir alles schon gesehen! Am schwierigsten muss es für meine Mutter gewesen sein, die üppige Schönheit der Kirschblüte zu ignorieren.

Sie staunte auch über andere Dinge. Sie hatte noch nie einen Schwarzen Busfahrer oder Polizisten gesehen. Während der Weihnachtszeit starrte sie Schwarze Weihnachtsmänner an, die auf den Straßen ihre Glocken läuteten. «Alle liefen mit ihren großen Afros rum», erinnerte sie sich. «Sie waren stolz. Damals gab es so viel Hoffnung.»

Wenn meine Mutter mir Geschichten aus ihrer Kindheit und von den Demütigungen des Lebens unter den Jim-Crow-Gesetzen erzählte, war ich froh, in der Gegenwart zu leben. Ich wuchs in einer Vorstadt am Meer in Kalifornien auf. Ich verstand die Realität von Rassismus, aber ich glaubte auch an einen Narrativ des Fortschritts. Schau dir mein Leben im Gegensatz zu dem meiner Mutter an – schau, wie weit dieses Land gekommen ist.

Ich hätte es nie für möglich gehalten, dass ich zu meinen Lebzeiten einen Schwarzen Präsidenten erleben würde, aber das erste Mal, als ich wählen durfte, half ich mit, einen ins Amt zu wählen. Es war mein erstes Jahr an der Stanford University, und in der Wahlnacht schmissen die Schwarzen Studenten eine Party, auf der wir tanzten und Obamas Namen in Rap-Texte einfügten. In Webbie's «Independent» buchstabierten wir den Namen des gewählten Präsidenten; der Hook von «A Milli» von Lil Wayne wurde zu einem langen Obama-Gesang. Aus den Lautsprechern unserer Räume rappte Young Jeezy: «Mein Präsident ist Schwarz, mein Lambo blau.» Der Song spielte in Endlosschleife in meinem Kopf weiter, als ich in dieser Nacht wie berauscht einschlief.

Während Trumps erstem Jahr im Amt habe ich mehr von Amerika und der Welt gesehen als in jedem anderen Jahr zuvor. In den letzten Tagen des Wahlkampfes ging ich auf eine dreiwöchige Lesereise durch das Land. In Washington, D.C. las ich im *Politics and Prose Bookstore* zwei Stunden vor der letzten Präsidentschaftsdebatte. Am Tag darauf, während eines Radiointerviews mit einem britischen Sender, wurde ich gefragt, ob es aufregend gewesen sei, am Abend einer Debatte in D.C. zu sein.

«Ich glaube wir können es alle kaum erwarten, dass diese Wahl endet», sagte ich.

Die Interviewerin seufzte: «Wir können es auch kaum erwarten, dass eure Wahl endet.»

Das ist also die Trump-Zeit, sie nimmt dich komplett in Beschlag. Jede Zeitzone ist in ihr verankert. Letzten Frühling reiste ich in vier verschiedene Länder, und überall, wo ich hinging, fragten mich die Menschen nach Donald Trump. Auf einer Cocktailparty in Auckland sagte ein älterer weißer Herr verlegen: «Ich hasse es, dass ich Sie das fragen muss, aber ...», in einem Ton, in dem man nach ei-

nem peinlichen Familienmitglied fragt. In Rom
wies meine italienische Lektorin Vergleiche
zwischen Trump und Silvio Berlusconi zurück.
Abgesehen vom Bombast und der Frauenfeind-
lichkeit, sei der entscheidende Unterschied,
dass ihre nationale Blamage nicht das welt-
größte Nuklear-Arsenal kontrolliere. In Paris
saß ich zwei Tage lang in einer Hotellobby und
gab Interviews für Zeitschriften, und jedes
Mal fragte ein neuer Journalist nach Trump
und wie es bloß zu seinem Wahlsieg kommen
konnte.

«Rassismus», antwortete ich.

Aber niemand will glauben, dass viele weiße
Wähler*innen rassistisch sind oder dass sie
zumindest Rassismus genug tolerieren, um
ihn nicht als disqualifizierend zu empfinden.
Zwei Tage nach der Wahl war ich auf einer
Lesung in Nashville, wo ich bestürzte Hillary-
Clinton-Wähler*innen vorfand. Obwohl sie in
einem republikanischen Bundesstaat lebten,
schockierte sie der Ausgang der Wahl. Als sie
meine schonungslose Diagnose hörten, sagten
sie: «Aber es kann doch nicht nur das gewesen

sein.» Ich dachte an meine Mutter, die mich gebeten hatte, zumindest darüber nachzudenken, den Termin in Nashville abzusagen. Sie wollte mich nicht in der Nähe des Trump-Landes wissen. Die Welle an rassistischem Hass, die er bis zu seinem Sieg geritten hatte, fühlte sich für sie bekannt und bedrohlich an. Ich sagte ihr, dass es mir gut gehen würde, aber ich musste weinen, als ich auflegte. Sie war in segregierten Schulen unterrichtet worden, musste aus Büchern lernen, die die weißen Schulen nicht mehr wollten. Sie besuchte den Gottesdienst in einer segregierten Kirche; das Gebäude war wie ein Kreuz geformt, und die Schwarzen Gemeindemitglieder mussten in den Armen des Kreuzes sitzen, damit der Priester nicht gezwungen war, sie anzuschauen. Meine Mutter hatte so viel Demütigung und Angst erfahren. Sie sollte sich keine Sorgen über meine Reise in den amerikanischen Süden im Jahre 2016 machen müssen.

Kurz nach der Lesung war ich in Brooklyn mit einer Freundin unterwegs und erzählte ihr von den Sorgen meiner Mutter. Eine weiße

Frau an der Bar unterbrach unsere Unterhaltung und sagte: «Eigentlich ist Nashville eine sehr progressive Stadt.» Ich verarbeitete den Moment erst am nächsten Tag. Eine weiße Fremde, deren Mutter sich nie Sorgen machen musste, wenn sie nach Tennessee reiste, da Generationen ihrer Familie nie von weißen Südstaatlern terrorisiert worden waren, mischte sich in unsere Unterhaltung ein, um mir zu sagen, dass die Ängste meiner Mutter unberechtigt seien. An diese Frau musste ich während meiner Interviews in Paris denken, während deren einige Journalisten skeptisch auf meine kurze Antwort reagierten und andere weise meinten: «Also, hier ist Rassismus kein Problem.» Das ist das Komische am Rassismus. Die Rassisten scheinen immer irgendwo anders zu sein.

In Trump-Zeit bewegt sich die Uhr rückwärts. Das Gefühl, dass die Zeit sich selbst umkehrt, ist wohl der verstörendste Aspekt eines ohnehin verstörenden Jahres. Was sonst macht Amerika wieder großartig als das Versprechen, die Vergangenheit wiederherzustellen? Mit seinem Wahlkampfslogan *Make America Great Again* nutzt Trump die emotionale Macht der Nostalgie und beschwört eine glorreiche nationale Geschichte herauf, die er als Alternative zu einer ungewissen Zukunft bietet. Er kreiert eine Phantasie für seine Basis aus weißen Amerikanern, aber eine Bedrohung für viele andere. Letzten Endes, in welcher Version der Vergangenheit war Amerika jemals großartig für meine Familie? «Die guten alten Zeiten?», wie meine Mutter stets sagt. «Die guten alten Zeiten für wen?»

Letzten September reiste ich mit einer Publizistin, die ebenfalls Schwarz ist, zu einer Lagerhalle, um Bücher zu signieren. Als wir Baltimore verließen und in eine Stadt fuhren, die laut Zensus zu 87 Prozent weiß ist, sahen wir in einem Vorgarten nach dem anderen *Make-America-Great-Again*-Schilder. Ich sagte zu ihr: «Wenn ich diese Schilder sehe, fühle ich mich, wie wenn ich die Konföderierten-Flagge sehe.» Sie verstand, was ich meinte; dieses instinktive Gefühl der Furcht. Beide Symbole repräsentieren für mich eine rassifizierte Nostalgie, die in mir nur Angst auslöst.

Ich realisierte damals noch nicht, dass diese Symbole innerhalb eines Jahres ineinanderfallen würden. Bei der Kundgebung in Charlottesville gegen den Abriss eines Konföderierten-Denkmals fuhr ein junger Mann aus Ohio mit seinem Auto in die Menge der Gegendemonstranten und ermordete dabei eine Frau. Seine Mutter sagte, als sie von Journalisten befragt wurde, sie hätte nicht gewusst, dass ihr Sohn an einer Demonstration weißer Rassisten teilnehmen würde: «Ich habe gedacht, dass es was mit Trump zu tun hat. Trump ist kein Rassist.» Nach dem Vorfall brachte es Trump jedoch nicht zustande, die weißen Rassisten zu verurteilen, obwohl manche von ihnen in seinem Namen marschiert waren, ausgestattet mit Konföderierten-Flaggen und *Make-America-Great-Again*-Caps.

Später tweetete Trump: «Du kannst die Geschichte nicht ändern, aber du kannst aus ihr lernen.» Doch das Problem mit der Geschichte ist, dass sie nicht neutral ist, ebenso wenig wie die Lektionen, die wir aus ihr ziehen. Was ein Land zu verehren wählt, reflektiert seine Werte. Die Präsidentschaft Trumps hat den Blick der Nation gen Rückspiegel gelenkt und bereits beigelegte Debatten wiederbelebt, wie etwa die Frage, ob Nazis schlechte Menschen sind. Zeitungen schreiben Profile über die Alt-Right-Bewegung und setzen die alte Bigotterie als etwas Neues und Hippes in Szene. Trump hat recht. Man kann die Vergangenheit nicht ändern. Aber man kann sie wiederholen.

Diesen Sommer wurde die Abgeordnete Maxine Waters zum Star eines Internet-Memes, nachdem ein Video aus einem Treffen des Finanzkomitees des Repräsentantenhauses viral ging. In dem Video versucht Finanzminister Steven Mnuchin, ihren Fragen auszuweichen, indem er die Zeit ablaufen lässt, doch Waters lässt das nicht zu und kommt immer wieder auf ihre Frage zurück, indem sie den Ausdruck «Ich verlange meine Zeit zurück» verwendet. Sie berief sich dabei auf das Protokoll, doch meine Twitter-Timeline füllte sich mit Menschen, die ihre Zeit ebenfalls reklamierten, sei es aufgrund nerviger E-Mails, Männer, die Frauen unterbrechen, langweiligem Smalltalk oder Trump-Push-Benachrichtigungen.

Ich mag die Vorstellung, ich könnte meine Zeit zurückverlangen, wegen ihres hoffnungsvollen Versprechens und ihrer Unmöglichkeit. Gibt es einen besseren Weg, sich gegen eine Präsidentschaft zu wehren, die alle Aufmerksamkeit beansprucht, oder gegen einen Präsidenten, der wild entschlossen ist, jeden sozialen Fortschritt auszulöschen, als die Zeit selbst zurückzunehmen? Ich habe versucht, meine Zeit zu reklamieren – indem ich Nachrichten mied, bis ich morgens etwas zu Papier gebracht hatte, indem ich die Twitter-Wutanfälle des Präsidenten ignorierte, indem ich mich weigerte, weißen Rassisten meine Aufmerksamkeit zu schenken, nach der diese so dringend verlangen. In einer Rede von 1975 an der Portland State University sagte Toni Morrison, der Zweck von Rassismus sei Ablenkung: «Er hält dich davon ab, deine Arbeit zu machen.» Sie ermahnte ihr Publikum, das «tödliche Gefängnis» zu vermeiden, das in dem vergeblichen Versuch bestünde, seine Menschlichkeit gegenüber Leuten zu beweisen, die diese nicht sehen wollen. Das gesamte vergangene Jahr habe ich damit gekämpft, eine Balance zu finden zwischen politischem Engagement und rechtmäßiger Empörung und dem Schutz meiner geistigen Gesundheit und meines Friedens. Ich versuche, das tödliche Gefängnis zu vermeiden. Ich versuche, meine Arbeit zu machen.

Wenn ich darüber nachdenke, wie sich mein Leben seit dem letzten Herbst verändert hat, fühlt sich ein Teil von mir sehr glücklich. Wer in der Geschichte meiner Familie hätte sich einen Beruf wie meinen ausmalen können? Ich verbrachte meine Kindheit damit, zu lesen und meine Mutter in die Bücherei zu schleppen, um Stapel von Büchern auszuleihen, die ich schon auf dem Parkplatz verschlang. Die Mutter meiner Mutter sprach Französisch, lernte aber nie lesen und schreiben. Die Mutter meines Vaters, eine pensionierte Lehrerin, beginnt, ihr Gedächtnis zu verlieren. Als ich ihr erzählte, dass ich ein Buch geschrieben habe, sagte sie, dass sie es kaum erwarten könne, es ihren Schüler*innen vorzustellen. Ich habe zwei Figuren in meinem Buch nach meinen Großmüttern benannt – Agnes und Clarice –, weil ich die Frauen ehren wollte, die es nie lesen würden. Wenn ich schreibe, denke ich immer an die Generationen von Schwarzen Frauen, die vor mir kamen, die Rassismus und Sexismus ausgesetzt waren und trotz allem ihre Arbeit machten. Sie ermutigen mich, nicht zu verzweifeln. Schließlich wählten mehr Schwarze Frauen Hillary Clinton als irgendeine andere Bevölkerungsgruppe. Wir haben schon immer gewusst, dass wir uns nicht rückwärtsbewegen können. Die Zeit marschiert weiter. Nicht einmal der *Leader of the Free World* kann das kontrollieren.

REDE IN SYDNEY

Vor einem Monat war ich anlässlich der Veröffentlichung der italienischen Übersetzung
meines Romans in Italien und gab ein Interview, bei dem mich der Journalist Folgendes
fragte: «Wie retten Sie die Zukunft Amerikas?»
Meine erste Reaktion war: Erstens, meine Arbeit ist, Geschichten zu erfinden, also bin ich
definitiv nicht die Richtige, um diese Frage zu
beantworten. Und zweitens, wenn ich diejeni-
ge bin, die dafür verantwortlich ist, Amerika
zu retten, na, dann viel Glück.

Ich schwafelte etwas über die Notwendig-
keit von Nuancen und Empathie und wie das
Lesen von Romanen uns beibringt, uns die Leben anderer vorzustellen und die Komplexität
um uns herum wahrzunehmen. Aber ich denke immer noch über die Frage nach, nicht nur,
weil sie nicht zu beantworten ist, sondern auch,

weil es ein interessanter Moment ist, um über die Zukunft Amerikas nachzudenken, wenn so viele Amerikaner scheinbar glücklicher damit sind, über ihre Vergangenheit nachzudenken. Aber nicht nur Amerikaner, überall auf der Welt scheint es zu passieren. Den Problemen des 21. Jahrhunderts wird mit den Lösungen des 20., 19. oder 18. Jahrhunderts begegnet. Mauern. Isolationismus. Ein Wiedererstarken echter Nazis. Wie also rettet man die Zukunft Amerikas oder Australiens oder sonst wo in der Welt? Wie bewegt man sich vorwärts, wenn so viele Leute sich sicherer damit fühlen rückwärtszuschauen?

Ich weiß es nicht. Das Thema dieses Vortrags ist, dass ich keine Antworten habe. Also, drosseln Sie Ihre Erwartungen. Heute Abend will ich über Nostalgie sprechen oder, genauer gesagt, über die Nostalgie als Zufluchtsort. Denn wenn ich über die Probleme in meinem Land nachdenke, komme ich immer wieder auf diese Idee zurück. 63 Millionen Menschen haben einen unerfahrenen, ignoranten, gestörten, engstirnigen Tyrannen ins höchste

Amt des Landes gewählt. Warum? Überall, wo ich hinreise, wird mir diese Frage gestellt. Warum? Es gibt natürlich viele Faktoren, die gemeinsam zum Sieg Donald Trumps führten, aber als Autorin denke ich am besten in Geschichten. Und Trump erzählte eine überzeugende Geschichte, die uns alle ab und an verführt. Die Geschichte geht so: Früher war das Leben besser.

Wir alle haben es zum einen oder anderen Zeitpunkt mal gedacht. Wir sehen eine weitere Tragödie in den Nachrichten, ein weiteres Beispiel dafür, wie menschliche Grausamkeit immer neue Formen annimmt, und träumen von einfacheren Zeiten. Wir schauen einen alten Film, lesen ein altes Buch oder denken über unser eigenes Leben nach, über eine Zeit, in der wir jünger, hoffnungsvoller oder selbstsicherer waren. Und dann denken wir, dass das Leben damals besser war. Im *New Yorker* schrieb Michael Chabon kürzlich eine schöne Verteidigung der Nostalgie, die er als ein «berechtigtes, ehrwürdiges und uraltes, menschliches Gefühl» beschrieb. Für ihn sei

Nostalgie «das Gefühl, das einen überkommt, wenn eine verschwundene, kleine Schönheit für einen Augenblick wiederhergestellt wird». Diese Vorstellung gefällt mir. Aber das Problem ist für mich, wie dieses uralte, menschliche Gefühl politisiert und als Waffe benutzt wird. Das Phänomen Trump ist ein Paradebeispiel dafür.

Zu Beginn der letzten Wahl wusste ich nicht, welche große Rolle Nostalgie spielen würde. Aber vielleicht hätte ich es ahnen können. Trump begann seine Kampagne immerhin mit dem Slogan *Make America Great Again*. Eine absurde Phrase. Was bedeutet das überhaupt? Wann genau war Amerika so großartig? Die Sendung *The Daily Show* produzierte einen Beitrag dazu, in dem Trump-Wähler*innen gefragt wurden, wann Amerika großartig gewesen sei, und die Antworten variierten zwischen den Gründerjahren und den Jahren nach dem Zweiten Weltkrieg. Diese Ungenauigkeit ist Teil dessen, was den Slogan so effektiv macht. Amerikas vergangene Größe ist, was auch immer du beschließt. *Make Ame-*

rica Great Again ist ein gleichzeitig zynischer und hoffnungsvoller Slogan. Er appelliert an die Frustrationen derer, die sich in einer sich schnell wandelnden Welt abgehängt fühlen, und er impliziert, dass das Land allein aus reinem Willen wieder zu alter Größe finden kann.

Aber aus dieser Unsinns-Phrase heraus bildete sich eine Präsidentschaft, und aus dieser entstand eine Politik, die die Bedeutung des Satzes konsequent darstellt. Amerika war großartig, als weiße Männer fast alle politische Macht besaßen. Als religiöse Minderheiten verfolgt und abgeschoben wurden, Gefängnisse privatisiert waren und diskriminierende Drogengesetze durchgesetzt wurden, um diese zu füllen. Als Schwarze Menschen von den Wahlurnen ferngehalten wurden und der Zugang zu reproduktiver Freiheit ungewiss war. Das ist die Version Amerikas, in der sich viele Trump-Wähler*innen wohl fühlen. Das ist ihr Zufluchtsort: ein Amerika aus der Vergangenheit, in dem sie sich endlich wieder sicher fühlen.

Ich werde Ihnen etwas sagen, das vielleicht eigenartig klingt: Ich glaube, wir sollten skeptisch gegenüber Zufluchtsorten sein. Damit meine ich, dass wir die Dinge in Frage stellen sollten, die uns ein Gefühl von Sicherheit geben. Wann suchen wir Zuflucht vor Gewalt, Engstirnigkeit und Hass – und wann verstecken wir uns hinter unseren eigenen Ansichten und Vorurteilen vor einer Welt, die uns überfordert? Heutzutage wird viel über *Safe Spaces* gesprochen. Der Ausdruck wird oft verwendet, um sich über junge Menschen lustig zu machen, die zu fragil sind, um die Härte des Lebens auszuhalten. Aber Nostalgie ist der ultimative *Safe Space*. Nostalgie ist selektives Erinnern. Nostalgie filtert die Geschichte auf eine Weise, in der nur die guten Teile überleben. Und zu diesem Zeitpunkt wird Amerika von dem nostalgischen Blick regiert. Die weißen Wähler*innen, die Trump ins Amt wählten, stellen sich eine bessere Vergangenheit vor, als es sie jemals gab und die nie wieder hergestellt werden kann.

Aber die Nostalgie reicht weit über Trump hinaus. Eine der großen Geschichten in den Nachrichten zurzeit ist, dass mehrere südliche

Staaten endlich Konföderierten-Denkmäler entfernen. In New Orleans, wo ein großer Kran notwendig war, um eine bestimmte Statue zu entfernen, erhielt jedes Unternehmen, das Hebekräne verleiht, Morddrohungen. In Charlottesville versammelten sich weiße Rassisten mit brennenden Fackeln wie bei einer KKK-Kundgebung. Manche argumentierten, dass die Statuen erhalten bleiben sollten, um die hässliche Geschichte festzuhalten, aber wenn der Zweck der Konföderierten-Denkmäler die Erinnerung an die Sklaverei ist, wo sind dann die Statuen, die den Versklavten gewidmet sind? Toni Morrison sagte 1989 etwas Ähnliches, und zwar, dass es keine «angemessene Gedenkstätte, keine Tafel und keinen Kranz ... Auch keine kleine Bank am Straßenrand» gäbe, die die Erinnerung an die Versklavten aufrechterhält. An was sich ein Land erinnert oder was es willentlich vergisst, ist nicht objektiv oder unpolitisch. Die Geschichten, die ein Land sich erzählt, spiegeln die Werte seiner Bürger*innen wider. Und die Geschichten, die es wählt zu vergessen, spiegeln diese ebenso wider.

Ich für meinen Teil bin Nostalgie gegenüber generell skeptisch. Zum einen bin ich jung. Als eine dieser schrecklichen Millennials, über die sich alle immer beschweren, habe ich nicht lange genug gelebt, um nostalgisch zu sein. Zum anderen bin ich eine Schwarze Frau. Wie würde *Make America Great Again* für mich aussehen? Es gibt keine Zeit in der amerikanischen Geschichte, in der es besser gewesen wäre, in meiner Haut zu stecken, als jetzt. Nostalgie ist ein Privileg. Und trotzdem ist Nostalgie verführerisch. Sogar Geschichten über die Gefahren der Nostalgie werden mit einem nostalgischen Blick gelesen. Auf meinem Flug nach Italien schaute ich *Vom Winde verweht,* und darin gibt es die Szene, in der Atlanta fällt und Rhett Butler Scarlett O'Hara aus dem Chaos rettet. Rhett Butler ist Realist oder vielleicht auch zynisch und der Einzige, der schon zu Beginn weiß, dass die Konföderation zum Scheitern verurteilt ist. Und in dieser Szene schaut er hinaus auf das Geschehen und sagt: «Das also ist der Preis für ein Leben in der Vergangenheit.» Die ganze Geschichte handelt von der sinnlosen Romantisierung einer verlorenen Vergangenheit. Ist es ehrenhaft oder bloß töricht, zu sterben, um eine Art des Lebens zu retten, die die restliche Welt hinter sich gelassen hat? Und obwohl in dieser Geschichte die Realisten gewinnen, sind das Buch und der Film auch aufgrund ihrer glamourösen, charmanten und schönen Darstellung des Vorbürgerkriegs-Südens beliebt. Die Figuren sehnen sich nach einer Welt, in der die Sklaverei bestehen bleibt, und die Leser*innen sehnen sich danach, mit ihnen in diese Welt transportiert zu werden. Nostalgie reproduziert sich selbst.

Was ziehen wir als Autor*innen und Leser*innen daraus? Ich bin mir nicht sicher. Ich stecke mitten in den Entwürfen für mein zweites Buch, das in Louisiana im Jahr 1950 beginnt, und mir ist natürlich nicht entgangen, wie eigenartig es ist, sich gerade jetzt der Vergangenheit zu widmen. Das Louisiana der fünfziger Jahre ist, wie manche glauben, die Zeit, in der Amerika großartig war. Damals war meine Mutter noch ein Mädchen, die Tochter von Farmpächtern und Landarbeitern. Sie musste ihre Füße mit einem Seil vermessen, da es Schwarzen Menschen nicht erlaubt war, in den Läden Schuhe anzuprobieren. Sie besuchte den Gottesdienst in einer segregierten Kirche und saß mit den anderen Schwarzen Menschen an der Seite, damit der Priester sie nicht sehen musste. Sie praktiziert ihren Glauben zwar nicht mehr, aber bis heute verteidigt sie die katholische Kirche, weil ihre eigene Mutter sie liebte. Meine Großmutter verbrachte ihr Leben damit, in einer Kirche zu beten, die sie zwang, in dem abgetrennten Bereich für Farbige zu sitzen. Die jüngste Schwester meiner Mutter war die erste Person in der Familie, die eine gemischte Schule besuchte. Ich fragte sie eines Tages darüber aus. Ja, sagte sie, die weißen Eltern hätten mit Schrotflinten und Ketten vor der Schule gestanden. Sie musste in die Schule hineinbegleitet werden. Aber sie erzählte mir auch davon, wie sie in der Marschkapelle war und Freunde gefunden hat.

«Es hat Spaß gemacht», sagte sie. «Wir hatten ein tolles Jahr.»

Erinnerung ist kompliziert. Die Geschichten,

die wir uns über unsere Vergangenheit erzählen, sind kompliziert. Ich vertraue keinen einfachen Geschichten, auch solchen nicht, die mir ein gutes Gefühl geben. *Vor allem* nicht solchen, die mir ein gutes Gefühl geben. Am Ende fühlen wir uns alle wohler, wenn wir uns in die Welt zurückziehen, die wir glauben zu kennen. Ich auch. Deswegen ist Literatur zurzeit so wichtig. Sie reißt uns aus unserer Welt heraus und transportiert uns in eine andere. Gute Fiktion ist nicht sicher. Wenn wir schreiben, setzen wir uns selbst aufs Spiel. Wenn wir lesen, setzen wir uns selbst aufs Spiel.

Manchmal, wenn meine Mutter etwas in den Nachrichten hört, das sie nicht versteht, sagt sie: «Die Welt hat sich ganz schön verändert.» Und das hat sie. Meine Mutter und ihre Geschwister pflückten vor der Schule Baumwolle. Und vor neun Jahren gab sie ihre Stimme für den ersten Schwarzen Präsidenten der Vereinigten Staaten ab. Die Mutter meiner Mutter konnte weder lesen noch schreiben. Und nun stehe ich hier, in Sydney, Australien, um über meinen Roman zu sprechen.

Gleichzeitig weiß ich nicht, wie sehr sich die Dinge wirklich geändert haben. Vielleicht ist die Welt komplexer geworden – oder vielleicht hat sie nur neue Wege gefunden, ihre Komplexität offenzulegen. Wir erfinden eine neue Sprache für Identitäten, die im Schatten existierten, und schaffen neue Technologien, die uns über Länder und Kontinente hinaus miteinander verbinden. Die Welt wird gleichzeitig größer und kleiner, sie zieht sich zusammen und weitet sich wie eine Lunge. Lasst uns also ein- und ausatmen und uns an die Arbeit machen.

SCHLACHTRUF DER ANDROIDIN

Schwarze Menschen können nicht durch die Zeit reisen. Jeder Komiker scheint einen Witz darüber zu haben.

In einer Episode des BuzzFeed-Podcasts *Another Round* spielen die Moderatorinnen Tracy Clayton und Heben Nigatu ein Spiel, das – wie sie scherzend feststellen – aufgrund der zahlreichen Zeitreisen-Fragen nur von Weißen geschrieben worden sein kann. «Nur weiße Menschen lieben Zeitreisen», sagt Nigatu. In einem Stand-up von Louis C. K. nennt dieser Zeitreisen ein ausschließlich weißes Privileg. «Es ist großartig, weiß zu sein», sagt er. «Ich kann in eine Zeitmaschine steigen, in jede Zeit reisen und würde es überall verdammt toll finden.» In einem anderen, jüngst veröffentlichten *MTV-Decoded*-Sketch stellen sich die Autoren eine Schwarze Version des Films *Zu-*

rück in die Zukunft vor, in dem der Schwarze Marty McFly und sein DeLorean nie den Parkplatz verlassen. «1955? Weißt du was, Doc? Mir geht's hier eigentlich ganz gut.»

Ich lache über diese Witze, auch wenn ihre Prämisse verheerend ist: eine Vorstellung von Schwarzsein, in der Leid unausweichlich und beständig ist. Wir können uns zwar eine phantastische Welt vorstellen, in der Zeitreisen möglich sind, jedoch keine, in der Schwarze Menschen – ob in der Vergangenheit oder Zukunft – frei leben können. In diesem Gedankengang bietet die Gegenwart das beste Leben, das es bisher für Schwarze Menschen gegeben hat, und vielleicht das beste, das es jemals für sie geben wird.

In diese düstere Realität landet nun Janelle Monáe. Monáe fesselte mich das erste Mal mit ihrem 2010 erschienenen Video *Tightrope*, in dem sie mit Haartolle und Tuxedo durch die Trostlosigkeit einer berüchtigten Irrenanstalt gleitet, wie einst James Brown zu seinen funkigen Bläsern tanzte. Auch wenn ihre Musik und ihr Aussehen an klassischen Soul erinnern, entwirft ihre Musik eine Mythologie, die in die Zukunft blickt. Ihre EP *Metropolis* und ihre Alben *The ArchAndroid* und *The Electric Lady* begleiten Cindi Mayweather, eine Androidin im Jahr 2719, die sich in einen Menschen verliebt und zur Demontage verurteilt wird. Cindi steigt später zum ArchAndroid auf, einer messianischen Figur, die die Hoffnung sät, dass Androiden eines Tages frei leben können. Die ausufernden und sich über mehrere Projekte spannenden Erzählstränge sind teilweise schwer nachzuvollziehen, aber die futuristische Welt, die sich Monáe vorstellt, spiegelt oft unsere eigene wider. «Wenn ich vom Androiden spreche, spreche ich über den ‹Anderen›», sagte Monáe der LGBTQ Zeitschrift *Between The Lines.* «Das lässt sich auf die Gay Community, die Schwarze Community und auch auf Frauen übertragen.» Für Monáe repräsentiert der Android – halb Mensch, halb Roboter, nie ganz eins von beiden – den Außenseiter. Ihre futuristische Welt Metropolis zu besuchen, bedeutet sowohl, Figuren zu begegnen, die

Diskriminierung erfahren, als auch, sich deren Befreiung auszumalen.

In ihren Interviews tritt Monáe oftmals als Cindi Mayweather auf, eine Besucherin aus der Zukunft. (Als sie im Magazin *Rolling Stone* zu ihrer Sexualität befragt wurde, weigerte sie sich, diese zu definieren, und bestand darauf, dass sie nur mit Androiden Beziehungen eingehe.) Im Februar 2015 kündigte sie dann die Gründung ihres neuen Labels Wondaland Records an, das, in Atlanta ansässig, eine Reihe von Schwarzen, eklektischen Künstler*innen veröffentlichen und repräsentieren würde. Künstler*innen, die wie Monáe scheinbar außerhalb der Zeit existieren. Bei der Vorstellung der Wondaland-Künstler*innen während der *BET Experience* beschrieb Monáe das Musikduo St. Beauty als «Blumenkinder» und den Sänger und Songwriter Roman Gian-Arthur als einen «anderen Freddie Mercury». Ihr bekanntester Künstler, Jidenna, der seine Single «Classic Man» Anfang des Jahres 2015 veröffentlichte, verblüffte das Publikum mit seinen dreiteiligen Anzügen mitsamt Krawatte und Spazierstock. In einem Interview mit dem Magazin *FADER* erklärte Jidenna, dass er vom Stil der Freedmen aus dem Jim-Crow-Süden inspiriert worden sei, den ersten befreiten Schwarzen Männern im Süden der USA. «Ich trage einen Anzug, weil ich mich daran erinnern will, was vor mir war.» Im Wondaland ist Stil radikalisiert und Mode eine Form politischen Widerstandes.

Was bedeutet es, sich an der Mode einer Ära zu bedienen, in die kein mündiger Schwarzer Mensch – vorausgesetzt, es wäre schon möglich – zurückreisen wollen würde? Oder sich eine Zukunft vorzustellen, in der ein Android mit derselben Bigotterie konfrontiert ist, wie wir sie aus unserer heutigen Realität kennen? Wondalands Musik ist melodisch, funky, spaßig und unbestreitbar politisch. Bei der Vorstellung des Labels sprach Monáe über die Verantwortung, die sie gegenüber ihrer Community verspüre, und nannte Wondaland eine Bewegung. In ähnlicher Weise haben Künstler*innen des Labels Polizeigewalt kritisiert, Demonstrationen gegen diese angeführt und im August das Protestlied «Hell you Talmabout (Say Their Names)» herausgebracht. Zu ungeduldigen Bässen und einem Chor mehrerer Stimmen singen sie die Namen der Schwarzen Opfer von Polizeigewalt, von Emmett Till zu Sean Bell zu Michael Brown und Sandra Bland. Das Lied ist schwer anzuhören, eine scheinbar endlose Liste von Namen, an die sich zu erinnern die Künstler voller Wut und Trauer aufrufen. Sagt ihre Namen. Das Lied ist ein Schlachtruf, und im Kampf gegen das Leid Schwarzer Menschen ist Erinnerung die Waffe.

Im Wondaland sind Zeitreisen keine Flucht aus dem gegenwärtigen Schwarzen Leben. Stattdessen gleiten die Künstler*innen durch die Zeit und verweben vergangene Narrative spielerisch mit neuen Mythologien und Vorstellungen der Zukunft und erweitern dabei die Ideenwelten Schwarzer Kunst. Sie eröffnen Räume für die Komplexitäten Schwarzen Lebens, mit seinen Kämpfen und Triumphen. Wondaland-Künstler*innen sind in unserer Zeit, aber nicht von unserer Zeit, und das ist eine schöne Art des Widerstands. Schwarze Menschen, befreit von der Zeit, in der Vorstellung überall zu Hause.

QUELLENNACHWEISE

Was fange ich bloß mit guten weißen Menschen an? («I don't know what to do with good white people»), *Jezebel*, 17. Dezember 2014. Die deutsche Übersetzung von Sabine Kray erschien 2018 unter dem Titel «Von guten Weißen» in der *Welt am Sonntag* (© 2018 by Axel Springer SE).

Den Vorhang herunterreißen («Ripping the Veil»), *The New Republic*, 2. August 2016. Zitiert aus: Toni Morrison, *Selbstachtung*, Rowohlt Verlag 2020, aus dem Englischen von Thomas Piltz, Nikolaus Stingl, Christiane Buchner, Dirk van Gunsteren und Christine Richter-Nilsson. Toni Morrison, *Menschenkind*, Rowohlt Verlag 1989, aus dem Englischen von Helga Pfetsch. Colson Whitehead, *Underground Railroad*, Carl Hanser Verlag

2017, aus dem Amerikanischen von Nikolaus Stingl.

Addy Walker, ein amerikanisches Mädchen («Addy Walker, An American Girl»), *Paris Review Daily*, 28. Mai 2015

Weißer Terrorismus ist so alt wie Amerika selbst («White Terrorism is as Old as America»), *New York Times*, 19. Juni 2015

Wer ins Schwimmbad darf («Who Gets to Go to the Pool»), *New York Times*, 10. Juni 2015

Ich dachte, es würde besser für dich sein («I thought it would be better for you»), *Vogue*, 8. November 2017

Rede in Sydney, «Sydney Writers› Festival Opening Night Address», 8. Juni 2017. Zitiert aus: Toni Morrison, *Selbstachtung*, Rowohlt Verlag 2020, aus dem Englischen von Thomas Piltz, Nikolaus Stingl, Christiane Buchner, Dirk van Gunsteren und Christine Richter-Nilsson.

Schlachtruf der Androidin («Battle Cry of the Android»), *Oxford American*, 31. Dezember 2015